Claudia Mühlan

Du schaffst es!
Überlebenstraining für Mütter

Claudia Mühlan

Du schaffst es!
Überlebenstraining für Mütter

Schulte & Gerth

© 1993, 2003 Gerth Medien, Asslar
Bestell-Nr. 815 885
ISBN 3-89437-885-9
1. überarbeitete Neuauflage (9. Gesamtauflage) 2003
Umschlaggestaltung: spoon, Olaf Johannson
Satz: Typostudio Rücker, Linden
Druck & Verarbeitung: Schönbach-Druck, Erzhausen
Printed in Germany

Inhalt

Vorwort zur Neuauflage Einführung	7
Ausgebrannte Mütter	10
Wir haben dicke Fehler gemacht	11
Das „Strickmuster zum Ausbrennen"	14
Belastbarer werden	17
Sag, wie schaffst du das?	17
Nicht die „Alten" bleiben!	19
Akzeptiere die Umstände, in denen du lebst!	21
Akzeptiere dich selbst!	23
Fit an Geist, Seele und Leib	26
Achte auf dein körperliches Wohlbefinden!	27
Halte deine Seele bei Laune!	37
Geistlich „auf Draht bleiben"	48
Den Alltag besser organisieren	58
Nicht so viel Zeit vertrödeln!	58
Mit Planung lebt sich's besser!	59
Ein Mahlzeiten-Wochenplan	61
Ein typischer Tagesablauf	62
Ideen muss man haben!	64
Ziele setzen	70

Eine Frau mit Ausstrahlung 73
Was für ein Muttertyp bist du? 73
Ideale, Träume und Sehnsüchte 74
Eine Frau, wie Gott sie gewollt hat 75
Lebenswichtige Entscheidungen 79

Anmerkungen 97

Vorwort zur Neuauflage

Genau 10 Jahre liegt es zurück, dass ich das Buch „Du schaffst es!" geschrieben habe. Neulich nahm ich es aus dem Regal, weil ich mich auf eine Seminarreihe mit dem Thema „Eltern stark machen!" vorbereiten wollte. Ich dachte: „Du musst doch mal nachlesen, was dich damals so bewegt hat und welche Tipps du weitergegeben hast."

10 Jahre sind eine lange Zeit – da hat sich auch in meinem Leben eine Menge bewegt. Aber ich war angenehm überrascht, dass ich noch zu allem stehen kann, was ich damals im Rückblick auf gut zwanzig Jahre Familienleben mit bis zu dreizehn Kindern an Erfahrungen und Ratschlägen niedergeschrieben hatte.

Nun gut, würde ich das Buch erst jetzt schreiben, dann würde ich mich an manchen Stellen einfühlsamer und weniger herausfordernd ausdrücken. Die vielen Begegnungen mit Müttern, die schwere Krisen zu durchstehen hatten oder sich in nahezu aussichtslosen Situationen befanden, haben mich barmherziger gemacht. Auch für mich gab es schwere Zeiten und starke Umstellungen – in dem Buch „Abenteuer Erziehung – persönliche Einsichten aus 30 turbulenten Familienjahren" bin ich mit Eberhard zusammen darauf eingegangen. Es stimmt: Nicht auf jede Lebensfrage gibt es einfache Antworten.

Trotzdem habe ich mich entschlossen, in der Neuauflage nur behutsame Änderungen vorzunehmen. Das war halt die Claudia vor 10 Jahren, so wie sie damals dachte und empfand!

Mittlerweile lebe ich nur noch mit Eberhard und zwei Teenagerkindern in unserem großen Haus (im Gegensatz zu den dreizehn Kindern, die zu den „besten Zeiten" in unserem Haushalt lebten) und stelle mir selbst kopfschüttelnd die Frage: „Wie hast du das damals nur geschafft?" So ist das Buch für mich wie ein kostbares Dokument und ich wünsche mir, dass es dich für dein Muttersein ermutigt und anspornt.

Eins hat mir Gott jedoch in einer Gebetszeit, in der ich meine Vergangenheit einmal durchdacht habe, sehr deutlich gemacht, nämlich: „Claudia, du hast damals viel, viel mehr von meiner Kraft und Gnade gelebt, als dir überhaupt bewusst war. ICH habe dich durchgetragen!" So viel zum Thema „Stolz auf die eigene Leistung".

Dieser Gnade Gottes über meinem Leben und dem meiner Familie bin ich mir heute stärker bewusst als je zuvor. Gott hatte damals unseren jugendlichen Enthusiasmus und unsere Hingabe genutzt, als er uns die vielen Kinder anvertraute und in einen Dienst an Familien führte. Diese Hingabe möchte ich nie verlieren, jetzt, wo sich für mich eine neue Lebensphase auftut, die ich in dem Buch noch nicht anschneiden konnte.

Inzwischen dreht sich längst nicht mehr das meiste um Kinder und Haushalt. Statt Biogarten findest du bei uns nur noch eine große Rasenfläche. Die Kochtöpfe sind kleiner geworden, die Einkaufslisten kürzer, die Haushaltsplanung ist lockerer. Ich kann inzwischen mehr an mich denken und Dinge tun, auf die ich früher bewusst verzichtet habe. Ich bin eine ausdauernde Joggerin geworden und studiere und bilde mich weiter. In unserer Kirchengemeinde stehe ich im Seelsorgeteam, in dem von uns mitgegründeten Verein „Team.F – Neues Leben für Familien" arbeite ich in der Leitung und im Vorstand und mit Eberhard halte ich im In- und Ausland Seminare. Und ich genieße es!

Es ist ein wunderbares Gefühl zu wissen, dass man die Mutterphase erfolgreich durchlaufen hat. So, wie ich es im letzten Kapitel des Buches beschreibe, möchte ich eine „Frau mit Ausstrahlung" bleiben. Es ist immer noch viel los in unserem Haus. Wir genießen unsere beiden jüngsten Teenies und die erwachsenen Kinder kommen gern zu Besuch. Es ist herrlich, mit ihnen zu diskutieren, und ein großes Vorrecht, ihnen Rat für ihr Leben geben zu dürfen. Alle – bis auf drei unserer angenommenen Kinder – leben bewusst als Christen. Das ist nicht unser Verdienst, sondern ihre ureigenste Entscheidung und Gottes Gnade!

Wenn ich dir gleich zu Beginn des Buches einen wichtigen

Rat geben darf: Nimm deine „Mutterphase" mit allem Drum und Dran bewusst an, gehe aber nicht total in ihr auf! Gönne dir zwischendurch etwas Gutes und plane schon für die Zeit danach!

Wie du das erfolgreich bewältigen kannst, liest du auf den folgenden Seiten. Viel Spaß!

Claudia Mühlan
hat gemeinsam mit ihrem Mann einige Bestseller wie „Das große Familien-Handbuch" und „Abenteuer Erziehung" veröffentlicht.

Ausgebrannte Mütter

Ich begegne zu vielen erschöpften und überforderten Müttern. Das bereitet mir Sorge und ich möchte ihnen helfen. Aber nicht nur die Frauen leiden, die ganze Familie ist betroffen: der Ehemann, die Kinder – selbst der Hund verdrückt sich, wenn dicke Luft ist.

Eine Szene auf unserer dörflichen Einkaufsstraße kann ich nicht vergessen: Eine junge Mutter zerrt ihre etwa vierjährige Tochter im Eilschritt an der Hand hinter sich her. Die Kleine stolpert, fällt auf die Knie, rappelt sich mit Tränen in den Augen wieder auf und weiter geht's.

Weil sie bei dem Tempo einfach nicht mithalten kann, stürzt sie wieder. Wütend reißt die Mutter sie hoch und faucht sie an: „Wenn dir das noch einmal passiert, dann kannst du was erleben ..."

Oder eine Mutter, die ihr sechs Monate (!) altes Baby mehrmals am Tag anschreit, es schüttelt und dann jedesmal unter Tränen um Vergebung bettelt.

Was mag in solchen Frauen vorgehen? Was müssen sie durchlitten haben, dass sie ihre Kleinen so unbeherrscht traktieren? Warum sind sie bereits ausgebrannt, wo doch ihr Familienleben gerade erst begonnen hat? Womit haben sie ihre Lebensenergie aufgebraucht, dass sie jetzt schon solche Nervenbündel sind?

Es ist ganz bestimmt nicht Gottes Absicht, dass Eltern sich ständig überfordert und ausgebrannt fühlen und schließlich zu nichts anderem mehr fähig sind, als an ihrem Alltag zu verzweifeln!

Deswegen möchte ich dir eine Strategie vorstellen, wie du belastbarer werden und bleiben kannst. Ich hoffe inständig, nicht nur die Mütter zu erreichen, die am Ende ihrer Kräfte sind, sondern gerade auch solche, die noch zuversichtlich und unbeschwert ihre

Energiereserven anzapfen. Damit deine Kraft für die nächsten zwanzig Jahre reicht, brauchst du ein „Durchhalte-Training"!

Wir haben dicke Fehler gemacht

Ich gestehe gleich zu Beginn dieses Buches ein, dass ich nicht als „Heldin" auftrete. Auch Eberhard und ich haben, was unseren Energiehaushalt betrifft, dicke Fehler gemacht – und es erst bemerkt, als es schon zu spät war. Hätte ich vor rund zehn Jahren doch nur eine mütterliche Freundin gehabt, die mir all das gesagt hätte, was ich mir erst mühsam erarbeiten musste und dir jetzt mitteilen kann!

Ein Ausspruch von James Dobson brachte mich auf die richtige Fährte: „Elternsein ist ein Marathon und wir müssen so laufen, dass wir zwei oder sogar drei Jahrzehnte Schritt halten können."[1]

„Das ist es!", ging es mir spontan durch den Kopf. „Kräfte einteilen und Puste behalten, die Zuversicht nicht verlieren, nicht nur das mühsame Heute sehen, sondern auch die Zukunft in zehn oder zwanzig Jahren."

Wie viele Mütter schnellen beim ersten Kind wie zum Sprint aus den Startlöchern! Sie geben alles, was sie haben, und sind nach den ersten Familienjahren bereits völlig ausgebrannt.

„Und du hast es auch nicht besser gemacht", musste ich mir eingestehen. „Aber jetzt, wo du gerade Halbzeit in deinem Familienleben hast, ist es noch nicht zu spät, die Fehler der Vergangenheit auszuwerten und ein ‚Durchhalte-Training' zu beginnen", tröstete ich mich.

Wenn ich an die Beziehung zu Eberhard und den Kindern denke, habe ich mir wenig vorzuwerfen. Seit unserer stürmischen Familiengründung haben wir darauf geachtet, dass unsere Ehebeziehung nicht zu kurz kommt. Trotz der großen Kinderzahl haben wir einfallsreich immer wieder Zeit zu zweit gefunden, um Freundschaft, Romantik und Erotik zu pflegen. Und auch mit den Kindern gestalteten wir kernige Familienzeiten, stets offen für ihre individuellen Anliegen.

Aber was mich persönlich betrifft, habe ich Raubbau betrieben. Ohne viel nachzudenken, ging ich davon aus, dass meine jugendliche Kraft wohl nie nachlassen würde – und das, obwohl die Verantwortung von Jahr zu Jahr größer wurde und die Anspannung wuchs.

Jede Schwangerschaft, jede Zeit des Stillens und nicht zuletzt die vielen kurzen Nächte zehren an einer Frau, selbst wenn man den Abstand zwischen den Geburten auf etwa drei Jahre plant, wie ich es klugerweise tat. Und dann kommt eins zum anderen. Man steckt das alles einige Zeit weg, bis das Fass überläuft ...

Bei mir war es nach der Entbindung des fünften Kindes soweit (zusammen mit den angenommenen war es schließlich schon das elfte). Auf einmal flimmerte es mir vor den Augen, ich sah Lichtstreifen. „Du bist wohl nervös und übermüdet", sagte ich mir. Erst als meine Sehschärfe rapide abnahm, ging ich zum Augenarzt. Er stellte eine fortgeschrittene Netzhautablösung fest und wies mich sofort in die Klinik ein. Da lag ich nun von einem Moment auf den anderen mit zwei Augenklappen in totaler Finsternis und drohte zu erblinden. Das ist ein Gefühl!

Vor allem: Was macht man so schnell mit einem sechs Wochen alten Baby, das voll gestillt wird? Nicht nur, dass Mirke ihre gewohnte Nahrung wollte, ich drohte „überzulaufen". So schleppte Eberhard die Kleine alle vier Stunden zum Trinken in die Klinik und besorgte ein Ungetüm von Milchpumpe, das du vielleicht auch kennst. Vor der Operation sollte so viel Milch abgepumpt werden, dass das Baby versorgt werden konnte, bis meine Milch nach der Narkose wieder „entseucht" war. Hilflos standen die Schwestern vor der „Melkmaschine" und waren froh, dass Eberhard ihnen diese Arbeit abnahm.

Jahre zuvor lag mein Bruder wegen der gleichen Sache wochenlang mit abgedeckten Augen in der Klinik. Jetzt bekam ich es mit der Angst zu tun. Wie sollte ich das nur aushalten? Wie würde meine Familie ohne mich zurechtkommen? Aber dank einer neuen Operationsmethode lag ich nur einige Tage dort und durfte dann nach Hause, weil mein Augenarzt die Verantwortung übernahm, mich weiterhin zu Hause zu betreuen.

Das war wieder eine Situation, von der ich meinte, sie einfach „wegstecken" zu können. Hatte ich es doch gemeistert, die Sache in wenigen Tagen abzuhaken! Aber jetzt traten andere Symptome auf – Kopfschmerzen, Verspannungen, die sich wie Lähmungen auswirkten – selbst nachts konnte ich mich nicht entspannen und blieb stundenlang wach. Dazu kamen Ängste, die mich so zusammenschnürten, dass ich mich kaum zum Arbeiten aufraffen konnte. Und ständig dieses Stechen im Kopf.

Voller Panik rannte ich von einem Arzt zum anderen. Keiner fand die Ursache heraus. Alle meinten, ich sei organisch gesund. Ich kam mir vor wie eine Idiotin. Damit schleppte ich mich ein Jahr lang herum. Erst später habe ich herausgefunden und akzeptiert, dass es eine typische Erschöpfungsdepression war.

Eberhard war über meinen Zustand fürchterlich erschrocken, sorgte und betete für mich, so dass ihm kaum noch Zeit für anderes blieb. Später gestand er mir ein, dass er sich schon darauf eingestellt hatte, für immer eine „kranke" Frau zu pflegen.

Als ich da wieder heraus war, war ich in Hab-Acht-Stellung und sorgte dafür, weniger angespannt zu leben.

Ich hatte eine Haushaltshilfe und streikte so manches Mal, wenn Eberhard mich zu sehr in seinen Vortragsdienst einspannen wollte.

Aber dafür meinte er, mit Volldampf weiterhin allem gerecht werden zu können. Er kümmerte sich rührend um mich, war stets für jedes Kind da und seine Seminartätigkeit und sein Bücherschreiben wurden immer umfangreicher. Pausenlos „jettete" er in Deutschland und Europa herum, kam zu Hause wegen der großen, lebhaften Kinderschar kaum zur Ruhe ... mir wurde unheimlich.

Aber sag so etwas mal einem lebensprühenden, glücklichen und erfolgreichen Mann. Eberhard lachte nur.

Gerade mal zweiundvierzig Jahre alt, lag er einige Zeit später mit einem schweren Herzinfarkt im Krankenhaus. Gestern noch fröhlich auf einem Seminar und heute wie ein gefällter Baum regungslos zwischen weißen Laken. Drei Tage lang kämpften die Ärzte um sein Leben. Ich stand neben seinem Bett und schrie zum Herrn: „Wie soll das nur weitergehen?" Ein Jahr lang musste er Pause machen, bevor er seine Aufgaben außerhalb der Familie langsam wieder aufnehmen konnte.

Aber denk bloß nicht, dass wir nun gebrochene Menschen sind! Trotz dieser schweren Krisen haben wir uns unsere Zuversicht und Lebensfreude erhalten. Ich meine sogar, wir leben jetzt noch effektiver, weil wir aus diesen Situationen gelernt haben.

Jetzt verstehst du sicherlich besser, warum ich so alarmiert bin, wenn ich Erschöpfungszustände beobachte. Oftmals bemerkt man sie nicht selbst, sondern braucht einen Anstoß von anderen.

Das „Strickmuster zum Ausbrennen"

Nach meinen schmerzhaften Erfahrungen habe ich versucht, mich durch Fachbücher schlau zu machen, und konnte darin das „Strickmuster" meines Ausbrennens glasklar nachvollziehen. Hätte ich sie doch vorher gelesen! Ob ich mich danach gerichtet hätte, ist natürlich eine andere Frage.

„Die wissenschaftliche Forschung hat ergeben, dass fünfundachtzig Prozent aller schweren Depressionen durch Lebensbelastungen ausgelöst werden ... Viele Menschen sind in der Lage, mit ihren Problemen fertig zu werden und Depressionen von sich fern zu halten, bis eine außergewöhnliche Belastung als Auslöser eintritt und sie aus der Bahn wirft."[2]

Genau so war's bei mir. Ich steckte eine Herausforderung nach der anderen weg und merkte nicht, wie meine Lebensenergie dabei aufgebraucht wurde, bis ich schließlich durch die außergewöhnliche Belastung der Augenoperation aus der Bahn geworfen wurde.

Genau dieses Schema sehe ich bei vielen Müttern wirken. Frauen, denen zu viel aufgeladen wird oder die sich selbst zu viel vornehmen.

Was sagte neulich eine jungverheiratete Frau?

„Also, in diesem Jahr bekomme ich mein erstes Baby, mein Mann macht seine Ausbildung zu Ende und außerdem wollen wir ein Haus bauen."

Werden die beiden jungen Leute das bewältigen? Prüfungsstress, eine erste, ungewohnte Schwangerschaft, jedes Wochenende auf der Baustelle ... Ganz robuste Naturen stecken das eine Weile weg. Aber was ist, wenn sich Komplikationen ergeben: Er schafft die Prüfung nicht und muss sie wiederholen? Die Schwangerschaft erweist sich als schwierig und das neugeborene Baby macht die Nacht zum Tage? Der Bau verzögert sich, weil das Wetter nicht mitspielt oder die Handwerker schlampen?

Unzählige Familien leben gezwungenermaßen oder selbst erwählt ständig an der Erschöpfungsgrenze. Die einen versuchen, Berufstätigkeit und Muttersein unter einen Hut zu bekommen. Die anderen geraten in Stress, weil sie den Tag mit Ballast voll stopfen und weder diszipliniert leben noch sich die Zeit einteilen können. Andere leiden unter außergewöhnlichen Belastungen: Ehekrisen, eine ungewollte Schwangerschaft, die Pflege von kranken Kindern oder Verwandten, Arbeitslosigkeit ...

Manche unerwarteten Herausforderungen können nicht einfach abgeschüttelt werden. Da muss man durch! Für andere mag es Lösungswege geben – wenn man nur wüsste, welche!

Ich habe noch gar nicht von den überängstlichen und überbehütenden Frauen gesprochen. Mütter, bei denen sich alles um die Kinder dreht, werden die langen Familienjahre nicht ohne seelischen Schaden durchstehen.

Sie opfern sich auf, vernachlässigen ihren Ehepartner und ihre langjährigen Freunde. Selbst der beste Babysitter kann sie nicht bewegen, die Wohnung auch nur für einen Abend zu verlassen. Niemand ist so gut wie sie, und was könnte nicht alles passieren, wenn sie einmal von der Seite ihrer Kinder weichen?

Oberflächlich betrachtet sind das vorbildliche Mütter – beim näheren Hinschauen jedoch entdeckt man große Unsicherheit, Unzufriedenheit und Ängstlichkeit.

Ändern sich diese Frauen nicht, werden sie ihre Kinder wahrscheinlich noch an sich binden wollen, wenn sie bereits erwachsen sind. Denn weil diese Mütter ihre Identität allein im Umsorgen ihrer Kinder gesucht haben, werden sie sich diesen „Lebensinhalt" nicht rauben lassen wollen.

Wo stehst du? Wie lebst du?

Ausgeglichen und lebensbejahend? Machen sich bei dir vielleicht schon die ersten Erschöpfungsanzeichen wie Mutlosigkeit, Kopfschmerzen und ständige Müdigkeit bemerkbar? Oder bist du gar einige Schritte weiter und hältst dich mit Tabletten oder Alkohol über Wasser? Ziehe Bilanz! Erkenne Fehler und erlerne eine klügere Lebensstrategie! Nicht nur du brauchst das, auch deine Familie hat es nötig! Erschöpfungszustände wirken sich nämlich katastrophal auf die Beziehung zum Ehepartner und zu den Kindern aus. Unter Stress ist man eher ungerecht und unbeherrscht, als wenn man einigermaßen ausgeglichen ist.

Ein untrüglicher Gradmesser für das Ausmaß deines Ausgebranntseins ist in meinen Augen deine Haltung zu deinen Kindern und dein Umgang mit ihnen. Sind sie dir oft lästig? Wünschst du sie dir häufig weit weg, nur um ein bisschen Ruhe zu haben?

Wenn du ausgeglichen und lebensbejahend bist, hast du mehr Freude an ihnen, kannst sie freigeben und auch mit Ungezogenheiten gelassener umgehen. Aber wehe, du bist schlecht drauf – dann fauchst du sie an und hast ewig etwas zu meckern. Oder rutscht dir dann sogar die Hand aus?

Wenn in einer Familie ständig gegängelt, genörgelt, geschimpft und gestritten wird, ist mindestens einer im Familienverband – wenn nicht mehrere – überfordert und erschöpft. Dann braucht man eine Strategie, um wieder zu Kräften zu kommen und in der Familie Frieden zu schaffen.

Ich will dir einmal fünf Thesen nennen, mit denen Fachleute erklären, wie Ausgebranntsein zu Stande kommt und wie es vermieden werden kann:

„1. Die Energie des Menschen ist eine kostbare Reserve, die uns ermöglicht, alles zu tun, was wir möchten;
2. Energie ist eine endliche Größe – es steht nur ein begrenzter Vorrat für jeden von uns zur Verfügung;
3. Immer wenn der Verbrauch von Energie die Vorräte übersteigt, beginnt man auszubrennen;
4. Eltern, die die Ziele, die sie für sich und ihre Kinder gesetzt haben, erreichen wollen, dürfen ihre lebensnotwendigen Reserven nicht unbedacht verschwenden;
5. Dinge, die diese Reserven verschwenderisch entleeren, sollten erkannt und ausgeschaltet werden und das Wiederauffüllen der Reserven Priorität haben."[3]

Diese fünf Punkte solltest du für deine Lebenssituation durchbuchstabieren. Ich hab sie mir immer wieder vor Augen gehalten: „Claudia, die Kraft, die Gott dir mitgegeben hat, ist eine kostbare Reserve. Gehe sorgfältig damit um und frische sie immer wieder auf. Schließlich willst du auch noch in zwanzig Jahren fit sein."

Wenn ich in den nächsten Kapiteln auf Tipps für größere Ausgeglichenheit und Belastbarkeit eingehe, werde ich immer wieder auf diese fünf Punkte zurückkommen.

Belastbarer werden

Sag, wie schaffst du das?

Am häufigsten wird mir folgende Frage gestellt: „Claudia, wie schaffst du das? Wie bewältigt man den Alltag mit so vielen Kindern?" Manche fügen noch hinzu: „... und sieht dabei so gut aus?"

Früher wusste ich nicht so genau, was ich darauf antworten sollte. Inzwischen konnte ich mir viele Gedanken darüber machen. Immerhin kann ich mehr als zwanzig Familienjahre auswerten. Damit du kein falsches Bild bekommst: Trotz der Krisen, die ich gerade geschildert habe (und trotz einiger anderer), war es eine großartige Zeit. Wenn ich die Jahre zurückdrehen könnte, würde ich wieder eine so große Familie haben wollen.

Aber warum schwelge ich in Erinnerungen? Ich bin davon überzeugt, dass noch herrliche Jahre vor mir liegen: mit Eberhard, den heranwachsenden Kindern und zunehmender persönlicher Freiheit. Ich weiß schon, was ich damit machen werde: das Leben genießen, mehr Seminare zusammen mit Eberhard gestalten und anderen Müttern zur Seite stehen.

Nimm's mir nicht übel: Ohne ein gewisses Maß an Ausgeglichenheit, Flexibilität und Disziplin ist es nicht möglich, viel Verantwortung zu tragen – weder im Beruf noch im Familienhaushalt. Bei diesen Begriffen, die für ein erfolgreiches Berufsleben selbstverständlich sind, bekommen manche Mütter allerdings große Augen.

Dazu muss wachsende Belastbarkeit kommen! Das ist auf Seminaren eines meiner Lieblingsthemen. Neulich hatte einer meiner

Zuhörer am Ende eines Vortrages eine Erleuchtung: „Ich habe unter Belastbarkeit bisher verstanden, dass man mit noch weniger Schlaf noch mehr leistet. Du meinst damit ja etwas ganz anderes, nämlich, dass man seine Zeit und Kraft so einteilt, dass man über Jahrzehnte fit und ausgeglichen bleibt. Also, nicht immer nur schaffen und schaffen, sondern auch mal entspannen und das Leben genießen?"

„Richtig so, gut zugehört", schmunzelte ich.

Was empfindest und denkst du bei dem Begriff „Belastbarkeit"?

„Hör bloß auf damit! Ich bin mein ganzes Leben lang auf Leistung getrimmt worden. Ich will nicht noch mehr unter Druck kommen."

„Hoffentlich bekommt mein Mann dieses Buch nicht in die Hände. Sonst gibt er mir laufend ‚gute' Ratschläge."

Oder: „Es frustriert mich maßlos, wenn ich höre, was andere schaffen. Ich könnte mich dann verkriechen."

Lege bitte einmal alle Vorurteile und alle Vergleiche, die sich dir aufdrängen, ab. „Belastbar sein" heißt nicht, das Arbeitstempo zu verdoppeln oder das Dreifache in der gleichen Zeit zu erreichen. Es heißt vor allem,

▷ dass du deine Arbeit freudig und gelassen tun kannst,
▷ dass dich unvorhergesehene Situationen nicht aus der Bahn werfen,
▷ dass sich andere gern in deiner Nähe aufhalten,
▷ dass du zuversichtlich bleiben kannst,
▷ dass du weißt, wie du dich entspannen kannst,
▷ und, wie ich schon sagte, dass du deine Zeit und Kraft so einzuteilen lernst, dass du über Jahrzehnte fit und ausgeglichen bleibst.

Belastbarkeit ist allerdings ein Wachstumsprozess. Sie kommt nicht einfach über Nacht und auch nicht von selbst. Man muss sie als Ziel vor Augen haben und kleine Schritte befolgen, damit sie zunehmen kann.

Denke nur nicht, dass ausgerechnet mir Belastbarkeit als „Bonus" von Gott mit den ersten Kindern in den Schoß gelegt worden ist. Auch ich musste sie mir Schritt für Schritt aneignen. Das zum Trost für die, die sich wie Versager vorkommen!

Eberhard ist zum Beispiel der Glückliche, auf den Kinder fliegen und der schon immer gut mit ihnen umgehen konnte. Ich bin von Natur aus kein „mütterlicher Typ", was mich in der Anfangszeit ganz schön neidisch gemacht hat. Wer mich kennt, weiß, dass ich eher sachlich und verschlossen bin und dass es eine Weile dauert, bis ich auftaue.

Also, Umgang mit Kindern, das musste ich erst lernen! Aber ziemlich plötzlich, denn ich wurde gleich mit sechs auf einen Schlag gesegnet. Wie gibt man bloß jedem Einzelnen seine Portion Liebe? Wie geht man mit den Zankereien um? Was kocht man für so eine Meute? Wie organisiert man einen großen Haushalt?

Zuerst gab es Chaos! Dann war da Eberhard mit seinen guten Ratschlägen und seiner tatkräftigen Hilfe. Und wenn man einen kühlen Kopf bewahrt, kann man das alles mit der Zeit lernen und schließlich wie ein Fels in der Brandung stehen. Schließlich macht es sogar Spaß!

Nicht die „Alten" bleiben!

Gott erwartet von uns, dass wir nicht die Alten bleiben, sondern verändert werden – seiner Wesensart immer ähnlicher werden! Das ist ein ganz schön hoher Anspruch, findest du nicht auch?

„..., dass ihr, was den früheren Lebenswandel angeht, den alten Menschen abgelegt habt ..., dagegen erneuert werdet in dem Geist eurer Gesinnung und den neuen Menschen angezogen habt, der nach Gott geschaffen ist in wahrhaftiger Gerechtigkeit und Heiligkeit" (Epheser 4,22-24).

Ich weiß nicht, was du empfindest, wenn du so einen Bibelvers liest. Ich fühle mich herausgefordert: Mit Gottes Hilfe ist es also möglich, alte, eingefahrene Verhaltensmuster abzulegen und anders zu werden – einen neuen Menschen „anzuziehen"! Ist das nicht auch deine Sehnsucht?

Zu „wahrhaftiger Gerechtigkeit und Heiligkeit" zähle ich unter anderem, dass ich mich nicht ständig von den Umständen unterkriegen lasse, sondern ausgeglichen bin und über ihnen stehen kann. Auch, dass andere etwas von der „Frucht des Geistes" in meinem Leben spüren, denn sie kennzeichnet das Leben eines belastbaren Menschen.

Kennst du sie? „Die Frucht des Geistes aber ist: Liebe, Freude,

Friede, Geduld, Freundlichkeit, Güte, Treue, Sanftmut, Selbstbeherrschung" (Galater 5,22).

Beziehe diese neun Begriffe einmal auf dein Familienleben, sagen wir montagmorgens um sieben: „Liebe, Freude, Friede...", wenn du unausgeschlafen mit dröhnendem Kopf, umgeben von maulenden Kindern und einem wortkargen Ehemann, am Frühstückstisch sitzt.

Sogar in einer so unmöglichen Situation geduldig zu bleiben und nette Worte zu finden, gehört mit zu den Zielen meines Lebens.

„Unmöglich", stöhnen Scharen von Müttern, „Claudia, du erwartest zu viel!"

Hör mal, dies ist nicht etwas, das ich erwarte. Es ist ganz einfach der Lebensstil eines gereiften Christen, wie ihn die Bibel beschreibt. Ich behaupte auch nicht, dass ich es jeden Tag schaffe, aber mit den Jahren habe ich doch bemerkenswerte Fortschritte gemacht.

Das kannst du auch!

Für die ganz Ungeduldigen zur Erinnerung: Es ist ein Wachstumsprozess! Jede Frucht, auch die „Frucht des Geistes", braucht Zeit, um zu reifen und sich zu entfalten. Lege bloß nicht mutlos die Hände in den Schoß, sondern nimm dir vor, darin zu wachsen und die notwendigen Schritte zu gehen.

Um belastbarer zu werden, müssen auf jeden Fall zwei Voraussetzungen erfüllt werden. Ich meine damit zwei Haltungen oder Einstellungen, die allmählich zu einer guten Gewohnheit werden. Falsche Haltungen können ein Leben zerstören, gute dagegen können es belastbarer machen.

Hier sind sie:

1. Akzeptiere die Umstände, in denen du lebst!
2. Akzeptiere dich selbst mit deinem Typ!

Wenn ich Müttern begegne, denen offensichtlich alles zu viel ist und die nicht belastbar sind, zeigen sie zumindest einige der folgenden Verhaltensweisen:

▷ Sie sind ständig unzufrieden mit sich und den Umständen.
▷ Ihnen ist alles zu viel.
▷ Sie trauen sich wenig zu.

▷ Sie sind schnell nervös und körperlich erschöpft. Sie sind ängstlich und machen sich viele Sorgen.
▷ Häufig sind sie unorganisiert und haben eine schlechte Zeitplanung.
▷ Sie beneiden andere, die erfolgreich leben.

Treffen einige Punkte auf dich zu? Dann hast du wahrscheinlich deine Umstände nicht angenommen und dich selbst nicht akzeptiert.

Akzeptiere die Umstände, in denen du lebst!

Das Leben einer Mutter kann hektisch und voller böser Überraschungen sein. Endlich hast du mal die Zeit gefunden, die grau verschleierten Fenster zu putzen, und hangelst unter der Gardinenstange, da quetsch sich dein Kleiner den Fingernagel ab. Also, runter von der Leiter, Schürze weg, die Haare schnell zurechtgerauft und ab zum Arzt.

Wenn wir nicht lernen, flexibel zu sein und täglich tapfer mit den Umständen zu jonglieren, sind wir arm dran.

Meine letzten drei Schwangerschaften waren echt schwer. Um das Baby nicht zu verlieren, musste ich mich drei bis vier Monate möglichst ruhig verhalten. Da thronte ich Tag für Tag auf dem Sofa und gab der Haushaltshilfe, die glücklicherweise von der Krankenkasse bezahlt wurde, meine Anweisungen. Was zuckte es mir in den Gliedern, selbst zuzupacken, aber ich wusste, wenn ich jetzt herumlaufe, verliere ich mein Kind. So eine Situation anzunehmen, ist fast unmöglich!

Der Preis für die viele Babyschlepperei ist mein kaputter Rücken. Schwere Sachen darf ich gar nicht mehr heben. Wie soll eine Mutter sich daran halten können? So gibt es keinen Tag ohne Schmerzen.

Oder ich denke an die Zeit, in der unsere Freunde, mit denen wir sieben Jahre unser Haus geteilt hatten, auf die Suche nach einer eigenen Bleibe gehen mussten. Das nächste Baby hatte sich bei uns angemeldet, die Kinderzahl war ohnehin schon auf neun gewachsen und es wurde einfach zu eng. Nahezu ein Jahr lang mussten sie suchen, bis sie etwas Passendes fanden. Diese Zeit mit einem Neugeborenen und neun quicklebendigen Rangen zu überbrücken, war eine Tortur. Eberhard und ich schliefen im Wohnzimmer, die Älteren stopften wir in einen ausgebauten Kellerraum ... Wie sollte man da noch den Überblick behalten?

In diesen schweren Zeiten hat mich der Apostel Paulus sehr beeindruckt. Er hatte zwar keine Familie, aber dafür seine eigenen Herausforderungen: „Wer wird uns scheiden von der Liebe Christi? Drangsal oder Angst oder Verfolgung oder Hungersnot oder Blöße oder Gefahr oder Schwert? ... in diesem allen sind wir mehr als Überwinder durch den, der uns geliebt hat" (Römer 8,35+37).

Also, im Vergleich zu Verfolgung und Hunger sind wilde Kinder und Platzmangel leichter zu ertragen; selbst Rückenschmerzen im Vergleich zu Todesgefahr! Wenn Paulus trotz allem an der Liebe Christi festhalten konnte und erlebte, wie diese Liebesbeziehung ihn zum Überwinder machte, dann möchte ich das auch!

Die Dimension eines befreiten christlichen Lebensstils ist mir beim Lesen des Philipperbriefes aufgegangen, besonders dort, wo Paulus, den ich nun schon ganz gut kannte, von sich sagt: „Ich habe gelernt, mit dem zufrieden zu sein, worin ich bin. Ich weiß, in Armut zu leben, ich weiß auch, Überfluss zu haben, satt zu sein, als auch zu hungern – in alles und jedes bin ich eingeweiht. Alles vermag ich durch den, der mich stark macht!" (Philipper 4,11-13).

„Also, das ist Lebensstil!", staunte ich. „Die Höhen und Tiefen eines bewegten Lebens zu akzeptieren und mit dem zufrieden zu sein, worin man sich gerade befindet. Mit weniger möchte ich mich auch nicht abfinden!"

Ein Trost war, dass selbst Paulus dies lernen musste und zwischendurch sicherlich auch Niederlagen kannte. Aber die Liebesbeziehung zu Jesus gab ihm die Kraft, durchzuhalten und an diesen Punkt zu kommen.

Wenn du mich nach meinen größten Idealen fragst, gehört der Ausspruch „Ich habe gelernt, mit dem zufrieden zu sein, worin ich bin" dazu – und zwar schon seit über fünfzehn Jahren! Ich merke, wie dies immer mehr zu meiner eigenen Haltung wird.

Die Lebensumstände akzeptieren, in denen man heute lebt! Was mag das für dich bedeuten?

Vielleicht, dass du deinen Ehepartner akzeptierst – mit seinen Stärken und Schwächen –, so wie er eben ist?

Oder dein Alleinsein?

Die Zahl deiner Kinder, selbst wenn sich noch eins ungeplant anmeldet oder du trotz aller Sehnsucht keins mehr bekommst?

Das Temperament der Kinder – auch wenn eins ganz anders ist, als du es dir vorgestellt hast?

Oder die Wohnung, den Beruf, das Einkommen ...

Jeder hat sein eigenes Päckchen zu tragen.

Wenn du zu deiner Situation Ja sagst, heißt das nicht, dass du davor kapitulierst oder ihr gegenüber gleichgültig wirst. Es bedeutet vielmehr, dass du endlich aufhörst, ständig unzufrieden zu sein, dich neidisch mit anderen zu vergleichen oder gar untätig von besseren Zeiten zu träumen.

Verstehst du, worauf ich hinausmöchte?

Wenn du aufhörst zu murren und deine Situation annimmst, legst du die Grundlage, dass Gott eingreifen und Umstände ändern kann. Man kann das Ergebnis auch „Wunder" nennen. So habe ich das häufig erlebt.

Wie oft habe ich gebetet: „Herr, so sieht es bei mir aus. Du kennst diesen Umstand, der mir so sehr zu schaffen macht. Ich will nicht aufmucken, sondern ihn akzeptieren. Nimm du die Situation in die Hand und sage mir, was ich tun soll."

Akzeptiere dich selbst!

Jetzt geht es um dich, deine Stärken und Schwächen. Salopp gesagt, um deinen Typ.

Es gibt Menschen mit einem „dicken Fell", die nichts so schnell aus der Ruhe bringen kann. Es gibt aber auch die ängstlichen Typen, die kontaktfreudigen, die menschenscheuen ...

Ich habe schon gesagt, dass ich von Natur aus keine sehr warmherzige Frau bin, eher sachlich und kontaktscheu. Das habe ich früher als Mangel angesehen. Neben Eberhard, dem es nicht schwer fiel, auf Menschen zuzugehen, kam ich mir ganz „klein" vor. Heute weiß ich, dass hinter jeder Schwäche, die man zu haben meint, auch eine Stärke stehen kann: Ich trage zum Beispiel „das Herz nicht auf der Zunge", kann verschwiegen sein und gut zuhören. Ich bin auch selten extremen Stimmungsschwankungen unterworfen und kann so der ruhende Pol in unserer Familie sein.

Wenn du über dich nachdenkst, bist du vielleicht auch eher geneigt, zuerst deine Schwächen aufzulisten. Nun gut, die soll man nicht leugnen, aber mache dir bitte auch deine Stärken bewusst und freue dich über sie.

Sich selbst annehmen hat etwas mit dem eigenen Selbstwertgefühl zu tun.

Bei mir ist diese gesunde Sicht gewachsen, indem ich mich stark damit beschäftigte, wie Gott über mich denkt, und indem ich mir Menschen als Vorbild nahm, die es verstanden, mich zu ermutigen, aber auch aufrichtig zu kritisieren. Je sicherer du weißt, dass das, was du tust, richtig ist und so ein gutes Gewissen behältst, desto freier und zuversichtlicher kannst du leben.

Arbeite für dich einmal folgende Gedanken durch; sie werden dir helfen, dein positives Selbstbild zu stärken:

▷ Achte mehr auf das, was Gott über dich denkt, und nicht so sehr darauf, was andere von dir denken. Studiere einmal folgende Bibelstellen: Jesaja 51,12-13; Psalm 34,1-6.
▷ Erneuere deinen Sinn, indem du dich täglich mit der Bibel befasst (Matthäus 4,4; Hebräer 4,12; Römer 12,2; Psalm 1)!
▷ Mache dir bewusst, wer du in Christus Jesus bist (Römer 8,1-2 u. 35-37; Galater 4,1-7)!
▷ Lass dich nicht von negativen Gefühlen überwältigen (1. Johannes 3,19-21)!
▷ Entwickle einige enge Freundschaften, die dich aufbauen!
▷ Lerne, zu dir selbst, anderen und Gott offen zu sein!
▷ Analysiere mit einer Vertrauensperson deine negativen Neigungen (Sorgen, Wutausbrüche, Kritik) und arbeite daran, sie auszumerzen (Psalm 26,2)!
▷ Suche nach Aufgaben, die dir Freude machen und in denen du Erfolg hast!"[4]

Was ich noch ansprechen muss, ist dein Körperhaushalt. Du hast keinen unerschöpflichen Vorrat an Energie! Denke zurück an die fünf Punkte über das „Ausbrennen", die ich auf Seite 16 bereits zitiert habe. Auch das musst du akzeptieren!

Es gibt Frauen, die sich ständig an der Leistung anderer messen und meinen, genauso viel leisten zu können, obwohl ihr Durchhaltevermögen und ihr allgemeiner Gesundheitszustand ganz anders sind.

Ich hatte einmal eine ältere Freundin, die tatsächlich mit fünf Stunden Schlaf auskam und dabei fröhlich und ausgeglichen blieb. Das habe ich auch versucht – und bin fürchterlich auf die Nase gefallen.

So gibt es Frauen, die mich als Vorbild nehmen, was die Zahl der Kinder betrifft oder meinen Arbeitsstil. Bei manchen sage ich: „Vorsicht, wenn es dir jetzt schon schwer fällt, die Nerven zu behalten, dann bleibe lieber bei einer kleineren Kinderzahl ..."

Es kann wehtun, an seine eigenen Energiegrenzen zu kommen und festzustellen, wie wenig belastbar man ist. Na klar, du kannst noch ein ganzes Stück lernen und wachsen, aber du musst auch deine biologisch vorgegebenen Grenzen erkennen und akzeptieren.

Fit an Geist, Seele und Leib

Auf meiner Suche nach praktischen Tipps, ausgeglichener und belastbarer zu werden, bin ich auf einen recht bekannten Bibelvers gestoßen, den ich von aller „Geistlichkeit" befreite und ganz praktisch genommen habe: „Der Gott des Friedens heilige euch durch und durch und unversehrt möge euer Geist, Seele und Leib untadelig bewahrt werden bis zur Wiederkunft unseres Herrn ..." (1. Thessalonicher 5,23).

Du sollst nicht die „Alte" bleiben, sondern mit Gottes Hilfe verändert werden. „Durch und durch geheiligt werden" bedeutet nämlich in etwa, von innen her erneuert zu werden und ganz für Gott zu leben. Aber während du Gott dienst, sollst du darauf achten, nicht nur geistlich fit zu bleiben, sondern auch seelisch und körperlich – und das nicht nur für ein paar Jahre, sondern bis an dein Lebensende.

Du hast es schon herausgehört: Nach dem Verständnis der Bibel besteht deine Persönlichkeit aus Geist, Seele und Leib – es ist deine Aufgabe, keinen der drei Bereiche zu vernachlässigen, sondern alle fit zu halten.

Das ist ein kleines Kunststück! Denn sie hängen so eng zusammen, dass sie gar nicht losgelöst voneinander betrachtet werden können. Leidest du nämlich in einem Bereich, sind die anderen zwei mit beeinträchtigt: Fühlst du dich körperlich schwach, bist du in der Regel auch seelisch nicht ausgeglichen und fröhlich, und wenn du dann nicht aufpasst, kann deine Beziehung zu Gott darunter leiden. Andererseits beeinflusst deine Seele dein körperliches Wohlbefinden – bist du gefühlsmäßig niedergeschlagen, kommst du körperlich oft nicht in die Gänge und fühlst dich schlapp. Das komplizierte Wechselspiel zwischen Geist, Seele und Leib kannst du deutlich am Ausmaß psychosomatischer Erkrankungen ablesen; immerhin sind es fast 80 Prozent aller Krankheiten.

Mich fasziniert die ausgewogene Sicht der Heiligen Schrift. Sie stellt Geist, Seele und Leib nebeneinander und spricht nicht – wie zum Beispiel die griechische Philosophie – von einem Geist-Materie-Dualismus, der häufig den einen Bereich vergöttlicht und den anderen verteufelt. Das gefällt mir. Mit den Aussagen der Bibel kann ich etwas anfangen:

▷ Achte auf dein körperliches Wohlbefinden!
▷ Halte deine Seele bei Laune!
▷ Vernachlässige niemals dein geistliches Leben, bleibe geistlich „auf Draht"!

Achte auf dein körperliches Wohlbefinden!

In christlichen Kreisen wird leider selten positiv über den Körper gesprochen, auch nicht darüber, wie man ihn gesund erhalten kann. Warum nur?

Ich vermute, dies ist eine Gegenreaktion auf die Vergötterung von Schönheit, Sport und Ernährung in unserer Gesellschaft und in den Medien. Nun gut, dreht sich das Denken eines Menschen nur noch um sein Aussehen, rennt jemand sechsmal in der Woche ins Fitness-Studio oder geht der Gesprächsstoff nicht über Abnehmen, Diät und die neueste Mode hinaus, wird dem Körper zu viel Aufmerksamkeit gewidmet. Aber ist es im biblischen Sinne, den Körper durch Schlampigkeit, zu wenig Bewegung und Schlaf oder falsche Ernährung zu vernachlässigen?

Schaue dir einmal folgenden Bibelvers an: „Oder wisst ihr nicht, dass euer Leib ein Tempel des Heiligen Geistes in euch ist, den ihr von Gott habt, und dass ihr nicht euch selbst gehört? Denn ihr seid um einen Preis erkauft worden, verherrlicht nun Gott mit eurem Leib" (1. Korinther 6,19-20).

Gott hat dich einzigartig und schön geschaffen. Du gehörst dir nicht selbst; vielmehr sollst du Gott mit deinem Körper Freude machen und der Heilige Geist soll sich darin wohl fühlen!

Häufig muss ich mir eingestehen, dass ich mehr auf meinen Körper angewiesen bin, als mir lieb ist. Um Gott unbeschwert dienen zu können, muss er fit bleiben. Ist man so um die zwanzig herum, denkt man noch nicht viel darüber nach, aber wenn die Jahre ins Land gehen, man immer steifer wird und sich unangenehme Zipperlein einstellen ...

Ich will vier Bereiche, die mir für mein körperliches Wohlbefinden wichtig geworden sind, ganz praktisch ansprechen:

▷ Aussehen
▷ Bewegung
▷ Entspannung und Schlaf
▷ Ausgewogene Ernährung

Aussehen

Ich glaube kaum, dass du in deinem Selbstwertgefühl so gefestigt bist, dass es dir total egal ist, wie du auf andere wirkst. Es tut gut, ein Kompliment zu hören: „Das steht dir aber gut!" Oder: „Da hast du ja etwas Originelles gefunden!"

Du sollst dich in deiner Haut wohl fühlen und ruhig bestätigt bekommen, dass du auf andere angenehm wirkst. Es gibt Frauen, die laufen zu Hause immer in den letzten Klamotten herum; nur wenn sie zum Fleischer gehen, putzen sie sich heraus, als wollten sie die Schweinehälften, die dort hängen, beeindrucken. Ich habe mir vorgenommen, mich zu Hause zwar zweckmäßig, aber doch flott und gepflegt zu kleiden. Fege ich dann einmal am Spiegel vorbei, grüße ich mich augenzwinkernd: „Hallo, kesse Hausfrau!" Meine Kinder sollen mich lange hübsch in Erinnerung behalten und Eberhard soll allen Grund haben, sich seine Frau vor Augen zu malen.

Denke nicht, dass gepflegtes Auftreten immer mit hohen Kosten verbunden ist. Alles, was du brauchst, ist etwas Einfallsreichtum. Ich denke an eine Studentin, die sich mit den einfachsten Sachen, oftmals aus Omas Mottenkiste, herausputzte. Für mich war sie ein Vorbild an Kreativität und Lebensfreude. Ganz bestimmt nicht mein Stil – aber jeder soll doch das Beste aus seinem Typ machen.

Früher habe ich, mehr noch als heute, sehr viel genäht, für die

Kinder und auch für mich. Viel Geld hatten wir wirklich nicht, aber ich wollte einfach nicht, dass wir Ärmlichkeit widerspiegelten – manch einer ordnet eine große Familie ja so ein. Dabei sind oft tolle Sachen herausgekommen. Ich glaube, es ist mir immer gelungen, uns einen gewissen Pfiff zu geben.

Wenn du dir das auch wünschst, es dir aber einfach noch nicht zutraust, bitte doch andere, die dir darin voraus sind, um Hilfe. Du könntest zum Beispiel einen Kreativ- oder Nähkurs in der Volkshochschule belegen. Vor einiger Zeit hatten wir in unserer Kirchengemeinde einen eigenen Nähkurs mit abschließender Modenschau – natürlich unter Ausschluss der Öffentlichkeit, neugierige Männer waren nicht zugelassen. Das war vielleicht ein Spaß!

Möchtest du deine Frisur ändern oder dich mal wieder neu einkleiden, nimm doch einfach eine Freundin mit, die es „drauf" hat. Dann fühlst du dich sicherer. Nicht allen Verkäuferinnen kann man vertrauen, schließlich wollen sie verkaufen. Meine älteste Tochter ist da recht forsch. Wenn sie in ihrem Freundeskreis ein „graues Mäuschen" entdeckt, das in Haarstil und Kleidung recht unbeholfen ist, gibt sie ganz taktvoll Ratschläge und bietet sich an, mit ihr loszuziehen. Als ich neulich in den Gottesdienst ging, war ich ganz perplex, denn ich hätte ihre Wohnungsnachbarin beinahe nicht wieder erkannt ...

Eine Freundin von mir hat durch eine Farb- und Stilberatung größere Sicherheit in der Auswahl ihrer Kleidung und ihres Makeups erlangt. Das hat ihr Selbstwertgefühl enorm gesteigert. Sie sagt: „Vor der Wende mussten wir hauptsächlich von gebrauchten Klamotten leben. Wie ich aussah, war mir da mehr oder weniger egal. Aber dann, als schicke Sachen auch für uns zugänglich und erschwinglich wurden, war ich hilflos und wusste nicht, wonach ich greifen sollte. Nach einigem Zögern nahm ich eine Farb- und Stilberatung in Anspruch. Ich war angenehm überrascht, wie auf meinen persönlichen Stil eingegangen wurde. Eigentlich bekam ich bestätigt, was ich gefühlsmäßig sowieso machen wollte, mich nur nicht traute.

Ich bin klein, zierlich und blass. Ich lernte, wie man mit nur etwas Farbe das Gesicht betonen kann. Ratschläge wie: ‚Trage niemals weiße Hosen', oder: ‚Große Muster kannst du vergessen' haben mir enorm geholfen. Nach vier Stunden wurde ich mit einem Farbpass und einer Mappe mit empfehlenswerten Modekombinationen entlassen."

Der erste Kommentar, den sie von Freundinnen spontan bekam, war: „Endlich sieht man dich einmal!" Mit ihrer unauffälligen Kleidung wurde sie – klein und zierlich, wie sie war – von ihrer Umwelt gar nicht bewusst wahrgenommen. Jetzt hat sie Mut, etwas Flotteres anzuziehen, und selbst ihrem Mann macht es Freude, mit ihr loszuziehen und neue Farben auszuprobieren. (Hilfreiche Tipps zu diesem Gebiet findest du in dem Buch „Die neue Farb- und Stilberatung".)[5]

Bewegung

Schneide ich dieses Thema unter Frauen an, stoße ich auf viele verlegene oder sogar abweisende Gesichter. Besänftigend betone ich dann: „Liebe Leute, ich nehme noch nicht einmal den Begriff ‚Sport' in den Mund, ich spreche nur von sich mehr bewegen."

Früher gebrauchte ich die gleichen Ausreden, die ich heute höre: „Was hast du denn? Als Hausfrau bin ich doch den ganzen Tag in Bewegung. Wir leben in vier Etagen. Keiner läuft so viele Treppen am Tag wie ich ..."

Obwohl sie einsehen, dass sie mehr Bewegung nötig hätten, fällt es den meisten Frauen schwer, dies in ihren Wochenplan hineinzunehmen.

Bei mir war es genauso. Aber wenn man wirklich kapiert, was man seinem Körper mit mangelnder Bewegung vorenthält und wie Sport nicht nur dem Körper, sondern auch der Seele gut tut, findet man vielleicht doch Möglichkeiten.

„Wer mit 40 Jahren ein regelmäßiges Ausdauertraining beginnt, gewinnt" – so Professor Hollmann – „funktionell die Herz-Kreislauf-Leistungsfähigkeit eines 20 Jahre jüngeren, untrainierten Menschen. Ausdauersport verhilft dazu, im vorgenannten, funktionellen Sinne, 20 Jahre lang 40 Jahre alt zu bleiben."[6]

Die Gesundheitssportlerin Doris Siegenthaler betont, dass wir unsere nervliche Müdigkeit durch langsames Ausdauertraining in körperliche Müdigkeit umwandeln können. Denn oft ist es nicht die tägliche Arbeit, die uns so fertig macht, sondern der latente Bewegungsmangel und eine einseitige Körperhaltung.

Übrigens, Sport tut nicht nur dem Körper gut, sondern auch der Seele. Das ist medizinisch nachgewiesen. Du kannst es ja an dir selbst einmal ausprobieren, wenn du es mir nicht glauben willst.

Oft hilft es deiner seelischen Verfassung mehr, wenn du dich bewegst und sportlich betätigst, als wenn du dich ständig mit deinen Problemen beschäftigst. Durch Bewegung wird manche seelische Spannung abgebaut.

Am Tag nach einem Wochenendseminar spüre ich häufig erst, was ich geleistet habe. Ich bin erschöpft, habe Verspannungen, manchmal wird mir ganz heiß und kalt. Wenn ich mich dann tatsächlich aufraffe, ins Schwimmbad zu fahren und einige zügige Runden zu drehen, anstatt zu Hause lustlos weiterzuwursteln und doch nichts zu schaffen, bin ich zwar hinterher richtig erschöpft, aber viel ausgeglichener. Aber frage mich nicht, welchen Kampf es mich kostet, bis ich die Badesachen in die Hand nehme!

Wahrscheinlich willst du wissen, was ich tue, um körperlich fit zu bleiben. Nicht sehr viel, aber das dafür regelmäßig. Mindestens einmal pro Woche gehe ich schwimmen, aber zügig, und dann mache ich fast jeden Tag fünfzehn Minuten gezielte Gymnastik, die besonders meinem Rücken gut tut. Du siehst, es ist nicht überragend, aber regelmäßig durchgeführt hat es doch seine Wirkung. Ich fühle mich viel wohler.

Eberhard ist ein Jogger. Schon vor seinem Herzinfarkt ist er viel gelaufen. Danach fing er unter ärztlicher Beratung wieder ganz vorsichtig an und läuft jetzt, kontrolliert von einem Pulsmesser, täglich seine fünf Kilometer. An ihm sehe ich, was regelmäßiger Ausdauersport bewirken kann. Der angeschlagene Herzmuskel wird trainiert, der Blutdruck bleibt niedriger, er schläft besser und lebt ausgeglichener. Du kannst sicher sein, dass ich darauf achte, dass er wirklich die Möglichkeit hat, regelmäßig zu joggen. Sich drücken gilt nicht, schließlich will ich ihn noch lange haben. Zum Ausgleich passt er auf, dass ich meine Gymnastik nicht auslasse.

Wenn du etwas für deinen Körper tun willst, denke doch einmal nach, was dir liegt. Eberhard würde mich gern mitnehmen, aber laufen ist mir einfach zuwider. Du kannst auch zügig wandern, Rad fahren, Skilanglauf machen, auf dem Heimtrainer strampeln, rudern, Wasser wandern oder flott tanzen. Hauptsache, du hältst deinen Puls drei- bis viermal pro Woche etwa eine halbe Stunde auf 130.

Wenn du allein nicht in Gang kommst, dann begeistere deine Freundin. So könnt ihr euch gegenseitig anspornen. Da meine normalerweise schon im Schwimmbad auf mich wartet, mag ich sie nicht enttäuschen und trotte hin, auch wenn ich keine Lust habe. Neulich sah ich dort vier Mütter mit ihren Kindern. Eine plantschte mit den Kleinen im Nichtschwimmerbecken, während die anderen ihre Runden schwammen. Dann lösten sie sich ab. Keine schlechte Idee, oder?

Entspannung und Schlaf

Das hört sich gut an: „Achte auf genügend Schlaf." Beinahe jede junge Mutter mit einem Säugling bekommt über längere Zeit einfach zu wenig davon. Selbst bei Kleinkindern hat man nicht unbedingt ungestörte Nächte. Ich bin immer ganz neidisch geworden, wenn ich hörte, dass ein Baby schon mit zwei oder drei Monaten durchgeschlafen hat. Bei meinen hat es ungefähr zehn Monate gedauert, bis ich nachts nicht mehr herausmusste. Heute frage ich mich manchmal, wie ich das bloß geschafft habe.

Wenn der wenige Schlaf sich auf einige Monate beschränkt und man auch schon das Ende ahnen kann, ist alles nicht so tragisch. Darauf kann man sich einstellen. Sorgen mache ich mir um die Mütter, die klagen, immer müde zu sein und ihrem Schlafbedarf nie gerecht zu werden. Sie sind nämlich geradewegs dabei, ihren Energietank aufzubrauchen und dabei „auszubrennen". Wenn du betroffen bist, dann überlege sachlich, wie du dem Einhalt gebieten kannst, und suche eventuell Beratung. Vielleicht kannst du einige der folgenden Tipps umsetzen:

▷ Wenn du nachts nicht genügend Schlaf bekommen hast, dann ruhe, wenn dein Kind am Tag seine Schlafenszeiten hat. Natürlich lockt es, jetzt ordentlich im Haushalt zu wirbeln, aber du musst abwägen, was wichtiger ist.

▷ Vielleicht kannst du dir die „Nachtarbeit" ein wenig mit deinem Mann teilen. Während der Woche mag ihn die Berufstätigkeit stark beanspruchen, so dass du ihm seine Ruhe lässt. Aber ein Wochenende hat immerhin zwei Nächte, in denen er einspringen könnte, damit du einmal durchschlafen kannst. Bei einem Stillkind ist das natürlich nicht so einfach. Ich wage gar nicht zu erzählen, welchen „Service" Eberhard mir immer geboten hat. Dummerweise (oder glücklicherweise?) habe ich von uns beiden den tieferen Schlaf und bekomme nachts fast gar nichts mit. So holte er stets den wimmernden Säugling aus der Wiege und schob ihn mir liebevoll an die Brust. Zum Ausgleich habe ich das Baby dann gewickelt und wieder ins Bettchen gelegt. Mit dieser Arbeitsteilung ließ es sich schon leben.

▷ Über die Jahre ist es mir fast immer gelungen, mittags ein Nickerchen von zwanzig bis dreißig Minuten zu halten. Andere sagen: „Bloß nicht, dann werde ich erst richtig müde." Das ist Einstellungssache. Erwiesen ist, dass nahezu jeder um die Mittagszeit ein Tief hat, und etwas Entspannung hilft, die Kräfte für den Rest des Tages wieder zu mobilisieren. Mir geht es nicht darum, totale Ruhe zu haben – das ist bei uns gar nicht möglich – aber: Beine lang, etwas entspannende Musik, tief durchatmen, an etwas Schönes denken und abschließend eine Tasse Kaffee. Die Kleinste kommt oft kuscheln, die anderen spielen leise vor sich hin, diese Rücksicht haben sie gelernt. Wer laut sein will, kann diesem Drang in seinem Zimmer nachgeben.

▷ Durchdenke alle Aktivitäten in der Gemeinde oder in deinem Freundeskreis, durch die du zu spät ins Bett kommst oder zu viel Kummer hast. Es wäre nicht gut, das alles zu streichen und dich nur noch um deine Kinder zu drehen, aber in „harten Zeiten" musst du dich fragen: Worin sollte ich eine Zeit lang kürzer treten, um wieder zu Kräften zu kommen? Wir haben nun einmal einen unterschiedlichen Kräftehaushalt und den muss jeder für sich berücksichtigen. Eberhard und ich haben eine ganze Reihe Abendverpflichtungen gestrichen bzw. sorgfältiger geplant – Besprechungen, Seelsorge, Besuche. Nach einem anstrengenden Tag jeden Abend noch Verpflichtungen zu haben, halten wir auf die Dauer nicht durch. Am wohlsten fühlen wir uns, wenn jeder zweite Abend für die persönliche Entspannung frei ist und für die großen Kinder, die uns abends gern umlagern.

Viele leben zu gedankenlos, was Bewegung, Entspannung und Schlaf betrifft. Hinterher entdecken sie, dass sie sich übernommen haben, und brauchen lange, um wieder zu Kräften zu kommen.

Andere klagen ständig über ihren stressigen Alltag, machen sich selbst verrückt und gefallen sich letztlich doch in ihrer Rolle. Stress ist zu einer Modeerscheinung geworden: „Es soll doch keiner annehmen, dass ich nicht viel zu tun habe ..." Solchen Leuten ist schwer zu helfen.

Denke daran, dass dein Familienleben einem „Marathonlauf" gleicht, deine Energie nicht unendlich reicht und du sie immer wieder auffüllen musst, um die Puste zu behalten.

Diese Einsicht wird dir helfen – selbst in einer zunächst aussichtslosen Situation –, doch eine Möglichkeit zu finden, genügend Entspannung und auch Schlaf zu bekommen.

Ausgewogene Ernährung

Krankenkassen, Fernsehen, Zeitschriften und Fachbücher versuchen schon seit einigen Jahren, die Ernährungsgewohnheiten unserer Gesellschaft zu verändern. Trotzdem habe ich den Eindruck, dass im Alltag nicht viel davon ankommt. Ich teste manchmal die Mütter um mich herum: „Sagt mal, was gibt es denn heute Mittag bei euch?"

„Hm, ja, Würstchen und Kartoffelbrei." – „Ich weiß nicht, vielleicht 'nen Joghurt oder ich mache eine Dose auf."

Fertiggerichte und Naschereien zwischendurch sind halt bequem. Wenn du dein Kind allerdings mit lieblosen Mahlzeiten abfertigst, brauchst du dich nicht zu wundern, wenn es ständig nach Süßigkeiten bettelt. Von irgendetwas muss man schließlich satt werden.

Ich beschäftige mich schon lange mit ausgewogener Ernährung, habe Fachbücher gewälzt, Kalorien- und Nährwerttabellen studiert und möchte meinen Kindern ermöglichen, gesund aufzuwachsen.

Leider stimmt doch, was man immer wieder als Warnung hört und liest: Wir essen zu schnell, zu viel, zu süß, zu salzig, zu fett, wir verschaffen uns zu wenig Bewegung – und dann klagen wir über allerlei Wehwehchen! Das andere Extrem ist nicht weniger beängstigend: Es gibt immer mehr untergewichtige Menschen, vor allem junge Mädchen und Frauen.

„Im Kindesalter spielen Schleckereien eine verhängnisvolle Rolle. Sie rauben nicht nur wertvolle Vitamine, liefern dem Körper zwar eine Überfülle an ‚Kraftstoffen', aber keine Aufbaustoffe, die er weit dringender benötigt. Noch schlimmer ist, dass Süßigkeiten vielfach auch mit Farb- und Konservierungsstoffen versehen sind, die den Körper massiv belasten und Krankheiten wie etwa Allergien auslösen können. Die nervöse Unruhe und Hyperkinetik unserer Kinder, ja sogar die Unfähigkeit, sich zu konzentrieren, und nicht zuletzt Aggressionen resultieren aus solcher Fehlernährung.

Unsere Jugend ernährt sich weitgehend von ‚Fastfood'. So zwischendurch, vielleicht sogar im Stehen, wird ein Hamburger, eine Currywurst, werden Pommes frites oder sonstige ungesunde Schnellimbisse heruntergewürgt. Dieses Essen ist in vielfacher Hinsicht ungesund. Und es macht dick. Es fehlt ihm nahezu so gut wie alles, was der Organismus zum Aufbau und zur Stabilisierung des Immunsystems braucht. Statistiken aus den USA zeigen – und bei uns dürfte es mittlerweile ebenso sein –, dass Jugendliche einen noch größeren Vitaminmangel besitzen als Senioren.

Unsere Kinder mögen aussehen wie das blühende Leben. Doch sind sie verstärkt infektanfällig. Kommt nun gerade in diesem Stadium eine derart ungesunde Fehlernährung hinzu, wird der Grundstein für chronische Leiden gelegt, die sich vielleicht schon in 10, vielleicht auch erst in 20 Jahren äußern. Wenn wir nicht sehr schnell und entschlossen alles tun, um die Ernährung unserer Jugendlichen deutlich zu verbessern, erleben wir in Kürze eine Gesundheitskatastrophe, die alles bis dahin Dagewesene in den Schatten stellt."[7]

Diese Warnung muss Müttern zu denken geben. Wie kann verantwortungsvolle, ausgewogene Ernährung aussehen? Modetrends und widersprüchliche Aussagen verunsichern natürlich. Da ich mich schon rund fünfzehn Jahre damit beschäftige, habe ich meine eigene Entwicklung durchgemacht und kenne viele vegetarische Spleens, den „Vollkorntrip", auch den Streit um Cholesterin und Butter. Ich bin mir durchaus bewusst, dass es kaum noch giftfreie Nahrungsmittel gibt.

Ich denke, die Grundregeln sind nicht so schwer einzuhalten: Ich achte auf viel frisches Obst, Salate und Gemüse. Obst, Tomaten oder Möhren zum Knabbern sollten immer herumstehen und können von der Gier nach Süßigkeiten ablenken.

Da kommt uns natürlich unser biologisch bebauter Gemüsegarten zugute, der zwar viel Arbeit macht, aber sich doch als „Quelle der Gesundheit" erweist. Jedem Gedanken, ihn aus Zeitmangel oder Bequemlichkeit aufzugeben, haben wir bisher widerstanden. Es heißt ja nicht nur, die Beete zu pflegen und abzuernten, sondern auch Salate zu putzen, Gemüse zu verarbeiten und zu lagern. Der Griff zur Dose oder zum welken Kopf im Regal bereitet wesentlich weniger Mühe.

Nicht jeder hat einen Garten oder will sich die Arbeit machen. Dann sieh zu, dass du einiges Grünzeug direkt vom Erzeuger beziehen kannst. Viele Landwirte verkaufen ihre frischen Produkte regelmäßig auf Wochenmärkten. Manche Frauen werden auch auf ihrem Balkon kreativ, indem sie Kräuter ziehen, mit denen man Speisen wunderbar verfeinern kann. Aus Blumentöpfen ranken Tomaten an der Hauswand hoch, selbst Salatköpfe können einen Blumenkasten zieren.

„Es wird zu viel Fleisch und zu viel Fett gegessen, mehr als wir brauchen und uns gut tut", wird immer wieder gewarnt. Uns ist es nicht so schwer gefallen, den Fleischbedarf zu Gunsten von mehr Gemüse und Rohkost zu verringern. Schweinefleisch gibt es fast gar nicht, dafür Geflügel, Rind- und Kalbfleisch – eher als Beilage zur Geschmacksverbesserung, aber nicht als Hauptanteil.

Unser Vollkornbrot backen wir selbst. Getreidemahlen und Brotbacken gehört schon so zum Tagesablauf, dass der Weg und das Anstehen beim Bäcker länger dauern würden. Wenn ich tatsächlich mal Brot kaufen muss, verschlingen meine Heranwachsenden fünf, sechs Scheiben mit Unmengen an Aufstrich, während sie beim selbst gebackenen Vollkornbrot nach der zweiten oder dritten Scheibe ächzend aufhören.

Wir versuchen, Süßigkeiten auf ein vernünftiges Maß zu reduzieren und mit Nüssen, Trockenobst und frischem Obst ein Gegengewicht zu setzen. Genau wie andere Familien haben auch wir eine Zeit lang versucht, ganz ohne Süßigkeiten zu leben. Das kann man ganz gut durchziehen, bis ein Kind in den Kindergarten oder in die Schule kommt; ab da mussten wir es aufgeben. In unserer vernaschten Gesellschaft ist es sehr schwer auszusteigen. Manche Kinder, die zu Hause extrem kurz gehalten werden, schlagen sich bei anderen Gelegenheiten umso mehr den Bauch damit voll. In ihrem Alter kann man noch keine Einsicht erwarten. Aber selbst die paar zuckerarmen Jahre sind für die frühkindliche Entwicklung ein Segen.

Wir haben zu Hause einen eigenen „Bonbonladen" mit ausgewähltem, nicht allzu ungesundem Naschwerk und Preisen, die deutlich unter denen am Kiosk liegen, und kommen damit recht gut über die Runden.

Als Mutter hast du Verantwortung für das leibliche Wohl deiner Familie. Damit legst du eine Grundlage für den allgemeinen Gesundheitszustand deiner Kinder als Erwachsene. Wenn du dich bis jetzt noch nicht so intensiv damit beschäftigt hast, ziehe einige Bücher und erfahrene Freundinnen zu Rate oder nimm an einem Kochkurs teil. Es ist nicht allzu schwer, darin „Fachfrau" zu werden. Ich hoffe, dass dein Mann die gleiche Verantwortung empfindet. Er muss seine Frau unbedingt darin unterstützen. Was hilft es, wenn eine Frau sich bemüht, gesundheitsbewusst und kreativ zu kochen, und er der Erste ist, der beim Essen nörgelt ...

In allen vier Bereichen, die ich zum körperlichen Wohlbefinden genannt habe – Aussehen, Bewegung, Entspannung und Schlaf sowie Ernährung –, geht es mir um Verantwortungsbewusstsein und Ausgewogenheit. Leider wird heutzutage zu stark in Extremen gelebt: entweder totale Gleichgültigkeit oder ein Fanatismus, der andere abschreckt.

Ich denke, du hast verstanden, wie ich es meine. Mit einem gesunden Körper, in dem du dich wohl fühlst, hast du einfach mehr Freude am Leben und bist auch belastbarer. Fromm gesagt: Du kannst Gott tatsächlich besser dienen und „ihn mit deinem Leib verherrlichen"!

Halte deine Seele bei Laune!

„Seele" ist ein gebräuchlicher Ausdruck und doch verstehen ihn viele etwas unterschiedlich. Nimmst du dir jedoch eine Bibel-Konkordanz und schlägst einmal alle Verse auf, die etwas mit der Seele zu tun haben, wirst du herausfinden, dass damit das menschliche Denken, Wollen und Empfinden gemeint ist.

Ein Bibelvers begleitet mich schon seit Jahren: „Mehr als alles, was man sonst bewahrt, behüte dein Herz! Denn in ihm entspringt die Quelle des Lebens" (Sprüche 4,23).

In der Bibel ist mit dem Begriff „Herz" häufig „der Kern der menschlichen Person, das seelisch-geistige Zentrum ihres gesamten Lebens"[8] gemeint. So auch im genannten Bibelvers. Er ist mir persönlich sehr wichtig geworden: Mehr als auf alles, worauf man sonst Wert legt und was man pflegt, soll ich auf mein Denken, meine Willensentschlüsse und meine Gefühle achten! „Denn daraus quillt glückliches Leben", sagt die Zürcher Bibelübersetzung.

Dem kann ich aus eigener Erfahrung nur Recht geben: Wälze ich missmutige Gedanken, lasse ich mich von Bitterkeit quälen und treffe aus dieser miesen Laune heraus auch noch schlechte Entscheidungen ..., na ja, dann bin ich alles andere als glücklich.

Wie es aussehen kann, das „Herz zu behüten", steht in den folgenden drei Versen: „Lass weichen von dir die Falschheit des Mundes und die Verdrehtheit der Lippen entferne von dir! – Lass deine Augen geradeaus blicken und deine Blicke gerade vor dich gehen! – Gib Acht auf die Bahn deines Fußes und alle deine Wege seien geordnet!" (Sprüche 4,24-26).

Ich finde, das ist ganz schön alltagsnah: Achte darauf, was du in deinen Gedanken zulässt und aussprichst! Pass auf, was du dir anschaust, welchen Eindrücken du dich aussetzt und wohin du gehst, das heißt, womit du dich abgibst! All das wird dein Denken, Wollen und Fühlen beeinflussen – du entscheidest selbst, ob du dich glücklich oder unglücklich machen willst.

Eine Seele kann ganz schön in Aufruhr, ja in Panik geraten. Das bestätigt Psalm 131,2: „Habe ich meine Seele nicht beschwichtigt und beruhigt? Wie ein entwöhntes Kind bei seiner Mutter, wie ein entwöhntes Kind ist meine Seele in mir."

Diese Worte kann ich richtig nachempfinden. Du auch? Manchmal schießen einem die unmöglichsten Gedanken durch den Kopf, die Gefühle sind richtig aufgewühlt und man merkt: Ich muss irgendwie zur Ruhe kommen! Ich muss meine Seele beschwichtigen! Aber wie?

Ich hoffe, ich strapaziere dich nicht zu sehr mit Bibelversen, aber die Antwort findest du in Matthäus 11, 28-30: „Kommt her zu mir, alle ihr Mühseligen und Beladenen, und ich werde euch Ruhe geben. Nehmt auf euch mein Joch und lernt von mir, denn ich bin

sanftmütig und von Herzen demütig, und ihr werdet Ruhe finden für eure Seelen; denn mein Joch ist sanft und meine Last ist leicht."
   Deine Seele kann schnell vernachlässigt und verletzt werden – dann leidest du unter dir selbst und andere haben auch nichts zu lachen –, aber es kann ein langer Weg sein, bis sie wieder beschwichtigt und geheilt ist.
   Was mein Seelenleben betrifft, achte ich auf drei Punkte:

▷ Ich will meine Seele vor negativen Einflüssen schützen.
▷ Ich will sie von Bitterkeit und Zorn freihalten.
▷ Ich will ihr Gutes gönnen.

Vor negativen Einflüssen schützen

Täglich stürmt eine Unmenge Reize auf uns ein: Radiogedudel, Plakate, Werbung, Fernsehspots, Kindergeschrei, Nachbarklatsch ... Wenn du dich all dem unkontrolliert aussetzt, kannst du verrückt werden. Unsere reizüberflutete Zeit kann eine Seele zerstören.
   Du kannst zwar nicht allem entfliehen, aber doch einen großen Teil steuern, zum Beispiel, indem du nicht ständig das Radio oder den Fernseher laufen lässt, sondern nur dann, wenn du gezielt etwas hören oder sehen möchtest; indem du nicht jedem Tratsch in der Nachbarschaft oder Kirchengemeinde nachgehst, sondern dir bewusst Freunde suchst, die dich positiv herausfordern und aufbauen.
   Es gibt Bücher und Filme, die du überhaupt nicht an dich heranlassen solltest. Ich kenne Frauen, die sich jeden „Reißer" angucken, aber danach trauen sie sich in kein Parkhaus mehr und gucken zu Hause unter jedes Bett. Was soll das? Erspare deiner Seele solche Attacken. Manche Szenen aus Büchern und Filmen können dich jahrelang regelrecht verfolgen.
   Wie eine angeschlagene Seele „aufschreit", habe ich während meiner Depressionsphase selbst erlebt. Ich habe dabei einiges darüber gelernt, wie man die Seele beschwichtigt und aufpäppelt. Es ist fürchterlich, an sich selbst zu erleben, dass man seine Seele nicht mehr unter Kontrolle hat und von ungewollten Gefühlen tyrannisiert wird.
   Vielleicht hast du dich schon gefragt, wie ich da herausgekommen bin?

Ich wusste eins: Ich darf mich nicht in dieses schwarze Loch fallen lassen, mich nicht gehen lassen, das Leben muss weiterlaufen. Mit allergrößter Disziplin habe ich mich auf den Beinen gehalten und bin meiner Hausarbeit nachgegangen. Natürlich habe ich gebetet wie ein Weltmeister, aber in so einem „Gefängnis" kommt man sich vor, als gingen die Gebete nur bis zur Decke. Dann lernte ich Bibelverse, ja ganze Psalmen auswendig und sagte sie mir vor. Meine Ängste besänftigte ich mit Anbetungsmusik. Ich wollte mein Denken, Wollen und Fühlen durch die Wahrheit des Wortes Gottes neu aufbauen. Ganz entscheidend war, dass viele gute Freunde für mich gebetet haben – und dann stand ich eines Morgens auf und der Druck war weg.

Allerdings, das Angeschlagen- und Alarmiertsein in der Seele verfolgte mich noch einige Jahre. Bücher oder Filme mit Lebensschicksalen voller Krankheit oder Depressionen habe ich deshalb gemieden. Bei Muskelverspannungen, die von den Schultern in den Kopf zogen, bekam ich altvertraute Angstgefühle; doch auch das gab sich mit der Zeit. Bis heute bin ich vorsichtig in Bezug auf negative Reize geblieben und habe eine regelrechte Strategie, wie ich meine Seele schütze und aufbaue.

Das ist meine Geschichte. Ich weiß, das Thema „Depressionen" ist so vielschichtig, dass selbst Fachleute es schwer haben, sie richtig einzuordnen, und es gibt noch viele andere Zusammenhänge, die berücksichtigt werden müssen. Wenn jemand davon betroffen ist, sollte er beziehungsweise sie sich hüten, meinen Heilungsweg einfach auf sich zu übertragen.

Seitdem ich vermehrt über meine schmerzhaften Erfahrungen und Lernschritte spreche, kommen Scharen von Frauen und gestehen ein, dass sie Ähnliches empfinden. Sehr häufig wird mir berichtet: „Manchmal sitze ich zu Hause, bin vollkommen niedergeschlagen und fange grundlos an zu heulen."

Das ist sehr bedenklich! „Grundlos" gibt es nicht, dahinter stecken Ursachen: Erschöpfung, Überforderung, zu wenig Schlaf, Enttäuschungen, Bitterkeit …

Geh den Dingen an die Wurzel. Manchmal hilft es schon, sich bei einer guten Freundin alles von der Leber reden zu können und miteinander zu beten. Es kann auch sein, dass du fachliche oder seelsorgerliche Hilfe in Anspruch nehmen musst.

Frei von Bitterkeit und Zorn

Negatives Denken, Sorgen, aufgestaute Enttäuschungen, Bitterkeit und Zorn schaden der Seele. Sie dämpfen ein klares Urteilsvermögen und vergiften die Gefühle.

Deshalb betont die Bibel so eindringlich, diese „Zerstörer" abzulegen und nicht wieder zuzulassen: „Alle Bitterkeit und Wut und Zorn und Geschrei und Lästerung sei von euch weggetan, samt aller Bosheit. Seid aber zueinander gütig, mitleidig und vergebt einander ..." (Epheser 4, 31-32).

Aber wie kommt man da heraus, wenn man so richtig enttäuscht und niedergeschlagen ist?

Das ist ein wahres Kunststück! Vielleicht helfen dir folgende Gedanken:

Ich neige dazu, Zusammenhänge zuerst von der negativen Seite zu sehen. Schon mein Vater sagte mir, als ich noch ein Teenager war: „Claudia, du darfst die Dinge nicht immer so negativ sehen!"

Eberhard hat mich regelrecht trainiert, anders zu denken: „Pass auf, bevor wir nicht das Gegenteil wissen, nehmen wir zunächst einmal das Beste an!"

Das trifft auf viele Alltagssituationen zu. Eins deiner Kinder kommt zum Beispiel nicht rechtzeitig nach Hause. Schon kann der „Sorgenapparat" im Kopf auf Hochtouren laufen. „Du weißt ja gar nicht, was vorgefallen ist. Also, ganz ruhig bleiben", kannst du dir sagen. Oder eine Verleumdung im Freundeskreis: „Nicht aufregen. Abwarten, bis die Sache geklärt ist, und bis dahin das Beste annehmen."

Im Hebräerbrief (Kapitel 12, Vers 15) steht, wir sollen aufpassen, dass in uns nicht „eine Wurzel der Bitterkeit aufsprosse". Bist du nicht wachsam, wird aus der Wurzel ein regelrechtes Geschwür, das dich auffrisst.

Ich möchte meine Seele von Sorgen, Vorwürfen und Bitterkeit freihalten. Wenn ich jedoch Dinge, die mich verletzen, nicht ausspreche, wenn ich mich in Selbstmitleid bade und nicht bereit bin zu vergeben, spüre ich, wie so eine „Wurzel der Bitterkeit" in mir wächst und mich ungenießbar macht.

Willst du deine Seele bei Laune halten, dann friss nichts in dich hinein, bleibe vergebungsbereit und sprich über die Dinge, die dich beschäftigen und verletzen. Dazu gehört manchmal ganz schön Mut!

Mache dir zum Vorsatz, nichts mit in die Nacht zu nehmen, was dich herunterziehen könnte, wie Zorn oder Unversöhnlichkeit, sondern es vor dem Schlafengehen vor Gott und – wenn möglich – vor deinen Mitmenschen in Ordnung zu bringen.

„Die Sonne gehe nicht unter über eurem Zorn und gebt dem Teufel keinen Raum ...", lautet eine weise Ermahnung im Epheserbrief (4,26-27).

Sich etwas Gutes gönnen

Geistliche Dinge wie Bibellesen, Loblieder singen und beten sind sehr wichtig, damit deine Seele bewahrt bleibt. Ich möchte dir darüber hinaus jedoch einige Ratschläge geben, die man in christlichen Kreisen nicht so häufig hört.

Gerade Mütter, die sich ganz hingeben und rund um die Uhr für ihre Familie da sein wollen, müssen immer mal wieder kurze Momente haben, in denen sie innerlich von ihrer Aufgabe zurücktreten. Sie müssen sich entspannen und über ihren Platz in der Familie nachdenken können, um sich dann – so wünsche ich es mir – mit neuem Elan in ihre Familienarbeit zu stürzen.

Das mag manch einem „Hingabetyp" egoistisch anmuten, aber du kannst dich nicht pausenlos einer Aufgabe widmen. Ein normal Berufstätiger hat seinen Feierabend, da braucht er nicht mehr an die Arbeit zu denken und kann abschalten. Welche Mutter, sagen wir mit drei Kindern, von denen eins ein Säugling ist, hat das ebenfalls? Da gibt es um 17.00 Uhr keinen Feierabend, um sich zu entspannen und auf den nächsten Arbeitstag vorzubereiten. Sie muss rund um die Uhr für die Familie da sein. Selbst wenn sie nicht mit Volldampf arbeitet, ist sie ständig in „Alarmbereitschaft". Und niemals abschalten zu können, kann sie regelrecht „ausbrennen" lassen.

Ich wünsche mir, dass Ehemänner das deutlicher sehen und mehr Rücksicht darauf nehmen. Manche haben nach wie vor eine recht lockere Haltung ihren Frauen gegenüber: „Was ist denn schon dabei, so'n bisschen Haushalt und Kinder bändigen."

Ich bin tatsächlich noch keinem Mann begegnet, der mir freimütig gestanden hat, er würde auf Dauer mit seiner Frau tauschen wollen und Hausmann werden – die paar „Exoten", von denen man hin und wieder in Frauenzeitschriften liest, mal ausgenommen. Umfragen und Statistiken ergeben, dass dem normalen Familienvater die Hausarbeit und die Sorge für die Kinder so schwer fällt, dass er kaum einen Finger rührt.

Was Müttern erheblich zu schaffen macht, ist die tägliche Tretmühle, das ständige Kindergequake, der oft geringe Kontakt mit anderen Menschen, manchmal auch ein Ehemann, der ihren Einsatz nicht zu würdigen weiß und sie kaum unterstützt.

Ganz gleich, wie deine Situation auch sein mag: Du kannst sie ändern, du kannst Zeit und Möglichkeiten finden, neu aufzutanken – locker gesagt, deine „Seele einmal baumeln zu lassen"!

Willst du es überhaupt?

Ich bin Müttern begegnet, die diesen Gedanken schlichtweg abgelehnt haben. Da ich weiß, wie gut dieses „Auftanken" tut, habe ich ab und zu einer Mutter, die mir am Rande ihrer Kraft zu stehen schien, angeboten, ihr für ein Wochenende die Kinder abzunehmen. Nein, das wollten sie nicht. Der einen war allein der Gedanke, alle Sachen für die Kinder zusammenpacken zu müssen, schon zu viel, und der anderen wurde offensichtlich unbehaglich, so viel Zeit allein mit ihrem Mann verbringen zu müssen.

Solch eine Frau schuftet und schuftet – manche gefällt sich in der Rolle einer Märtyrerin – und schließlich ist sie so am Ende, dass sie Mann und Kinder verachtet und alles hinwerfen will.

Lass es gar nicht erst so weit kommen, sondern überlege rechtzeitig, wie du deiner Seele Gutes gönnen und deine Familie in Ehren halten kannst.

Verstehst du meine Absicht? Mir geht es um ein ausgeglichenes Leben und darum, seine Kräfte einzuteilen!

Wenn du danach Ausschau hältst, was dir Spaß macht, dich entspannt, ja dir ein Stück Selbstbestätigung gibt, dann tu es nicht, um die lästige Familie loszuwerden oder den grauen Alltag zu vergessen, sondern um aufzutanken und dann umso schwungvoller für deine Familie da zu sein. Deine Gehirnwindungen müssen in Bewegung bleiben, deine Lachmuskeln aktiviert werden! Unterlässt du das, habe ich ernsthaft Sorgen, dass du im Alltagstrott unter die Räder geraten könntest.

Wenn dir die Welt offen stünde, was tätest du gern? Fange doch einmal an zu träumen und dann sieh zu, was du davon umsetzen kannst.

Ich habe meine Freundinnen im Mütterkreis danach gefragt. Es war interessant zu hören, was jede individuell für sich zur Entspannung tut oder sich wünschen würde.

„Allein, dass ich alle vierzehn Tage hier sitzen und mit euch frühstücken und plaudern kann, ist schon Entspannung für mich", seufzte eine.

„Wenn mir meine Rangen einen kurzen Mittagsschlaf gönnen würden, dann wäre die Welt in Ordnung ...", war eine andere Antwort.

„Also, wenn ich einmal das Badezimmer eine halbe Stunde für mich allein habe, mich baden, pflegen und entspannen kann in der Gewissheit, dass niemand an die Tür poltert und etwas von mir will. Das ist ein Erlebnis ..."

„Wenn ich könnte, wie ich wollte, dann würde ich mir ein paar schöne Wohn- oder Modezeitschriften nehmen, mich aufs Bett legen, schmökern, Musik hören und davon träumen, wie ich meine Wohnung verschönern könnte."

„Ich würde lieber basteln und nähen, um die Sachen beim nächsten Hobbymarkt zu verkaufen."

„Und ich malen und mein lange vernachlässigtes Tagebuch weiterführen."

„Lacht mich nicht aus, aber wenn ich Entspannung bräuchte, würde ich Kochbücher wälzen, etwas Exzellentes kochen und nette Gäste bewirten."

Einen schönen Film anschauen, Fahrrad fahren, spazieren gehen, einen Stadtbummel machen waren andere Antworten.

Ich will meine „Tankstellen" hinzufügen, die ich einfach von Zeit zu Zeit brauche. Glücklicherweise kenne ich mich inzwischen so gut, dass ich gar nicht mehr in eine Krise kommen muss, sondern schon beim ersten „Kribbeln" zusehe, dass ich Abwechslung bekomme. Nur gut, dass Eberhard so verständnisvoll ist und meine „Spleens" unterstützt! Aber er hat ja auch etwas davon. Komme ich nämlich munter und aufgeräumt nach Hause, können wir einander viel besser genießen.

Wenn ich es nachmittags mit dem Haushaltskram manchmal nicht mehr aushalte, nehme ich mir die Jüngste hinten aufs Fahrrad – die Älteren können schon einmal ein Stündchen allein bleiben –

und strampele einfach mit ihr los. Es tut gut, sich den Wind um die Ohren wehen zu lassen. Manchmal gucke ich kurz bei meiner Freundin herein. Für eine Tasse Kaffee bleibt immer Zeit.

Oder allein in der Stadt bummeln, ohne einen Schwarm Kinder und ohne lange Einkaufsliste – das ist ein Traum. Wie eine „Dame von Welt" durch die Passage schlendern, hier mal schauen, dort etwas anprobieren und dabei bewusst meine Freiheit genießen.

Neulich kam ich mit einem Schnäppchen nach Hause: einem schicken schwarzen Rock mit Reißverschluss bis oben. „Nicht übel", pfiff Eberhard durch die Zähne.

Abwechslung ist für mich auch, einen Vormittag über einem Seminarthema zu brüten und zu wissen, kein Kind kommt mir jetzt dazwischen. Oder im Sessel zu lümmeln und mich in die Abenteuerwelt eines guten Romans entführen zu lassen.

Diese Antworten ergeben doch ein recht buntes Bild. Welche Ideen würdest du noch hinzufügen? Was entspricht deinen Interessen?

Jetzt darf es allerdings nicht nur bei Wünschen und Sehnsüchten bleiben, sie müssen auch umgesetzt werden. Wenn ich sie auswerte, sind sie doch recht bescheiden. Es war nichts Außergewöhnliches dabei, niemand wollte eine Woche allein auf die Bahamas oder einen Einkaufsbummel in Paris. Das gerade Genannte sollte doch jeder Mutter vergönnt sein!

Bei guter Zusammenarbeit mit dem Ehemann müsste einiges zu erreichen sein. Lies ihm doch einmal dieses Kapitel vor. Ich wette, es wird sein Herz berühren. Wenn du dir darüber hinaus noch Mühe gibst, ihm Gutes zu tun und sein Leben zu erleichtern, sollte jeder zu seinem Recht kommen können.

Selbst wenn dein Mann sehr eingespannt oder uneinsichtig sein sollte, musst du noch nicht aufgeben. Du brauchst eine oder mehrere Freundinnen! Das ist für manche Frau nicht so einfach. Es bekümmert mich zu sehen, wie viele einsame Mütter es gibt. Aber du kannst dafür beten. Einer muss den Anfang machen, andere ansprechen, Vorschläge unterbreiten – warum nicht du?

Viele Jahre wohnten wir mit zwei Familien in unserem Haus – eine weitere lebte nebenan –, bis unsere Familie so groß wurde, dass wir das ganze Haus für uns brauchten. Wir alle hatten kleine Kinder und konnten uns großartig unterstützen. Die Männer ergänzten sich beim Reparieren, denn der eine wusste, wie man mit

Elektrizität, der andere, wie man mit Holz umgeht. Teure Maschinen, wie zum Beispiel eine Tischkreissäge oder ein Schweißgerät, wurden gemeinsam finanziert.

Wir Frauen nahmen uns die Einkäufe ab, hüteten abwechselnd die Kinder und luden uns gegenseitig zum Essen ein. Es gab immer etwas zu lachen und zu scherzen.

So etwas ist für manche Familien ein Traum, aber nicht immer zu verwirklichen, und nicht alle verkraften das enge Zusammenwohnen. Aber warum nicht langfristig planen, in einem Ortsteil zusammenzuleben und sich beizustehen! In unserer Umgebung wohnen inzwischen fünf Familien aus unserer Kirchengemeinde, so können sich die Kinder gefahrlos zum Spielen treffen. Abwechselnd bringen wir die Kinder zum Kindergarten und holen sie ab. Zur Kinderstunde müssen nicht alle Mütter losziehen. Da unsere großen Jungen die Kinderstunde leiten und bereits einen Führerschein haben, haben wir Eltern allen Grund zu strahlen. Nicht selten kommt ein Not-Anruf:. „Du, meine Große hat sich was getan. Ich muss schnell mit ihr zum Arzt. Kann ich den Kleinen bei dir absetzen?" Wie gut, wenn man Freunde hat, die einem in solchen Situationen beistehen.

Der Jüngste meiner Schwägerin ist im gleichen Alter wie unsere kleine Marie. Als sie eineinhalb Jahre alt waren, fingen wir an, die Kinder zweimal in der Woche zusammen spielen zu lassen, einmal bei mir, einmal bei meiner Schwägerin. Das bringt einiges, pro Woche einen Vormittag freizuhaben. Inzwischen lieben die beiden Kleinen sich heiß und innig und wir werden uns noch mehr abwechseln können.

Wie schon erwähnt treffen sich andere Mütter mit Kindern zum Schwimmen. Während eine mit den Kleinen am Planschbecken sitzt, können sich die anderen im großen Becken vergnügen. Krabbelkindern tut es sehr gut, nicht nur die Mutter um sich zu haben, sondern im kleinen Kreis erste soziale Außenkontakte zu knüpfen und Bewährungsproben beim Spielen durchzustehen. Und einer Mutter tut es gut, andere Erwachsene um sich zu haben ...

Du siehst, mit ein wenig Ideenreichtum und Motivation lässt sich immer etwas arrangieren. Auch unter Müttern gibt es, wie überall, die Typen, die andere mitreißen, und die Mitläufer. Entweder du ergreifst die Initiative und ziehst andere mit oder du hältst Ausschau nach jemand, der unternehmungslustig ist, und schließt dich ihm an. Aber unternehmen musst du etwas!

Es gibt aber noch etwas, was deine Seele regelrecht beschwingen oder – wenn es nicht so positiv ist – niederdrücken kann: die Beziehung zu deinem Ehepartner!

„Eine freundschaftliche und gleichzeitig romantisch-erotische Ehebeziehung gehört zum Erfrischendsten, das man sich vorstellen kann. Die Zeit zu zweit macht immer wieder fit für den Kinderalltag und bewahrt vor Verschleiß.

Wollen wir nicht einmal zusammen träumen? Stell dir vor, euch beiden ist es gelungen, sehr aufmerksam füreinander da zu sein. Ihr umwerbt einander, tut einander Gutes und überrascht euch immer wieder mit Aufmerksamkeiten. Du schwebst richtig vor Glückseligkeit und selbst das ‚erotische Etwas' klingt mit. Schon am Frühstückstisch schaut ihr euch so innig in die Augen, dass der Kaffee kalt wird. Der Arbeitstag läuft gut. Trällernd flitzt du durch die Wohnung, scherzt mit den Kindern, und selbst wenn sie etwas angestellt haben, gelingt es dir, die Rangen mit Humor bei der Stange zu halten..."[9]

Ich wüsste gern, wie du auf dieses kleine Zitat reagierst! Schnaubst du wütend – „unmöglich, was für ein Kitsch!" – oder schießen dir die Tränen in die Augen?

Ein Baby oder kleine Kinder können einer Ehebeziehung ganz schön zu schaffen machen. Unausgeschlafen ist man halt kein so aufmerksamer Gesprächspartner. Ständiges Kindergequengel kann auch bei den besten Vorsätzen jede Romantik zunichte machen. Der Schwangerschaftsspeck ist dir unangenehm und mit vor Milch tropfender Brust hast du zur passenden Gelegenheit auch nicht unbedingt erotische Gefühle; und überhaupt, wenn es mal soweit ist, steht doch tatsächlich die Kleine am Bett und will etwas trinken.

Und trotzdem muss eure Ehebeziehung nicht zu kurz kommen, besondere Härtezeiten einmal ausgenommen. Aber das Thema ist so umfassend, dass ich es an späterer Stelle noch einmal ausführlich aufgreifen werde.

Geistlich „auf Draht bleiben"

Mit dem Körper und der Seele können die meisten etwas anfangen. Aber wenn es darum geht, was der menschliche Geist ist, rätseln sie herum. Ich will versuchen, es dir zu erläutern:

Ein Mensch, der ohne Gott lebt, ist geistlich tot (Epheser 2,1) – die Bibel sagt es ganz radikal – und kann geistliche Dinge nicht beurteilen (1. Korinther 2,10-16). Wenn er sich aber Gott zuwendet und „von oben geboren wird" (Johannes 3,1-7), wird der menschliche Geist zu neuem Leben erweckt und kann geistliche Dinge begreifen.

Durch deinen Geist hast du also Gemeinschaft mit Gott, betest Gott an und nimmst sein Reden auf. So liest du es in Römer 8,16: „Der Geist (Gottes) selbst zeugt mit unserem Geist, dass wir Kinder Gottes sind."

Wenn es dich interessiert, lies die genannten Bibelstellen nach, und der Zusammenhang wird dir noch deutlicher werden.

Die größte Kraftquelle

In dieser geistlichen Beziehung zu Jesus und zu unserem Vater im Himmel liegt meine und – so hoffe ich – auch deine größte Kraftquelle!

Willst du mein ganz persönliches Geheimnis wissen? Was mich wirklich belastbar macht? Du liest es in Kolosser 1,27: Christus in mir!

Ich habe Jesus, wie man unter Christen so schön sagt, schon mit elf Jahren ernsthaft in mein Leben aufgenommen. Ich wollte ihm dienen und ihn mit meinem Leben ehren. Diese persönliche Beziehung zu ihm war und ist mir immer wichtig geblieben.

Ich weiß zum Beispiel noch, wie ich als junger Teenager nachts aufgestanden bin, mich im Mondlicht ans Fenster gesetzt habe – ich traute mich gar nicht, Licht anzumachen –, in der Bibel gelesen und Jesus angebetet habe. In mir war eine tiefe Sehnsucht, stets zu wissen, dass Christus in mir ist. Das brachte mich näher zu Gott und ließ mich geistlich wachsen.

Den ersten großen Test für die Stärke meiner Belastbarkeit musste ich bei unserer stürmischen Familiengründung durchstehen. Gerade mal einundzwanzig Jahre alt wurde ich innerhalb weniger Monate an den Rand meines Durchhaltevermögens geführt: die plötzliche Verantwortung, das ganze Kindergewusel – das alles brachte mich an meine körperlichen und seelischen Grenzen.

Und ich geriet in Panik! Sollten die Skeptiker etwa doch Recht behalten, die von vornherein gesagt hatten: „Ihr seid zu jung! Ihr übernehmt euch. Das werdet ihr nie schaffen!"?

Gleichzeitig stieß ich bei meinen Andachten auf Bibelstellen, die mir sagten: Du kannst es schaffen! Zum Beispiel: „Ich vermag alles durch den, der mich stark macht!" (Philipper 4,13). Oder: „... in diesem allen sind wir mehr als Überwinder durch den, der uns geliebt hat" (Römer 8,37). Beide Verse sagen, dass Jesus und die Liebesbeziehung zu ihm die Quelle unserer Kraft ist. Darüber hinaus ging mir ein Vers ständig durch den Kopf und machte mich ganz hilflos: „Freut euch allezeit! Betet unablässig!" (1. Thessalonicher 5,16).

Damit war mein Hauptproblem angeschnitten: Ich pessimistischer Typ soll mich allezeit freuen und unablässig beten? Wie macht man das, wenn man als ungeübte Mutter ständig von sechs kleinen Kindern gefordert wird und nicht mehr weiß, wo einem der Kopf steht? Ich hatte kaum Zeit für eine Andacht – während des Tages an Jesus zu denken oder gar zu beten, dazu kam ich nicht.

„Aber genau hier kann die Lösung liegen", sagte ich mir, „wenn es mir nur gelänge, immer mal wieder mit Jesus zu sprechen – mir bewusst zu machen, dass er ja in mir ist –, dann müsste es doch zu schaffen sein!"

So fasste ich einen heroischen Entschluss. Heute schmunzele ich darüber, aber er zeigt, wie ernsthaft ich es gemeint hatte. Ich nahm meinen Küchenwecker, drehte ihn auf sechzig Minuten, und immer wenn er klingelte, wollte ich mich für ein paar Minuten im Wohnzimmer einschließen, um zu beten. „Claudia, so kommst du dem Ziel ‚unablässig zu beten', wenigstens ein bisschen näher", spornte ich mich an.

Na ja, wer kleine Kinder hat, kann sich schon denken, was passierte. Nichts wurde aus meinem großartigen Vorsatz! Kinder mögen ja noch so friedlich spielen, aber ausgerechnet wenn man sich fortschleichen will, geraten sich zwei in die Haare, poltert einer mit Geschrei kopfüber die Treppe hinunter, will ein anderer etwas zu trinken oder macht einer die Hose voll.

Ich war frustriert! Fordert uns die Bibel nicht auf, allezeit zu beten? Und ich schaffte es nicht einmal, immer an Gott zu denken. Was machte ich falsch? Ich wusste, ich war auf Gebet angewiesen, weil es meine größte Kraftquelle war. Was fehlte mir, um, wie Paulus es nannte, „allezeit im Geist beten" zu können (Epheser 6,18)? Was meinte der Apostel, als er das behauptete?

Wenig später las ich im Korintherbrief, dass Paulus mit dem „Beten im Geist" das Beten in einer unbekannten Gebetssprache meinte (1. Korinther 14,14). Erfahrene Christen erklärten es mir und beteten mit mir. Bald registrierte ich, dass ich tagsüber im Geist betete, ohne dass es mich große Anstrengung kostete. Jetzt war es mir möglich, auch ohne Küchenwecker den ganzen Tag mit meinem Vater im Himmel in Verbindung zu bleiben. An meinem eigenen Leben merkte ich: Gott hat mich beschenkt! Ich war glücklich, endlich eine Antwort auf meine Not gefunden zu haben. Nun bereitet es mir keine Schwierigkeiten mehr, bei der Arbeit zu beten und den Tag über mit meinem Herrn in Verbindung zu stehen.

Drei durchschlagende Vorsätze

Jahr für Jahr entdeckte und verwirklichte ich mehr von den biblischen Weisheiten, die uns helfen, die Kraftquellen Gottes für unser Leben besser „anzuzapfen". Es ist spannend, geistlich zu wachsen, Jesus mehr und mehr zum Zentrum allen Denkens, Wollens und Fühlens werden zu lassen und dabei an sich selbst zu beobachten, wie man verändert wird.

Nicht nur die großen Erfahrungen, sondern gerade die kleinen Schritte sind es, die dich nachhaltig verändern und Jesus ähnlicher machen, wenn du sie jeden Tag treu und konsequent einhältst. Einige meiner ganz persönlichen Prinzipien, die mich nahe bei Jesus und damit bei Gottes Kraftquellen halten, möchte ich dir für deinen Familienalltag mitgeben.

Für Eberhard und mich gibt es drei Vorsätze, die wir täglich neu einhalten wollen. Ob uns danach zu Mute ist oder nicht, spielt keine Rolle. Wir wissen, sie sind wichtig, um stark zu bleiben. Versäumen wir diese Dinge einige Tage oder gar Wochen, stellt sich garantiert ein geistliches Defizit ein. Ich werde mutlos, fühle mich überfordert, Sorgen machen sich breit und Probleme, von denen ich gemeint habe, sie schon längst überwunden zu haben, stehen wieder wie ein riesiger Berg vor mir.

Diese drei Punkte sind: Bibellesen, beten und der Sünde keinen Raum lassen.

„Ach", sagst du, „das kenne ich doch schon! Hast du keine neuen Tipps für mich?"

Ich habe keine neuen Tipps und es mag sein, dass du das alles schon kennst. Aber weißt du, zwischen kennen und können (das heißt, Erkanntes zu praktizieren) besteht ein großer Unterschied. Das ist der Mangel vieler Christen: Sie wissen so viel, handeln aber nicht danach und bleiben zeitlebens geistliche Babys.

Verbringe keinen Tag, an dem du nicht einen Abschnitt aus der Bibel gelesen hast – zusammen mit deinem Ehepartner, oder wenn sich das nicht ergibt, dann halt allein. „Der Mensch lebt nicht vom Brot allein, sondern von einem jeden Wort, das durch den Mund Gottes ausgeht" (Matthäus 4,4).

Es gibt eine einfache psychologische Gesetzmäßigkeit: Alles, was du in deine Gedanken- und Gefühlswelt hineinlässt, wird dich früher oder später beschäftigen!

Das Nachsinnen über das Wort Gottes und das Auswendiglernen vieler Bibelverse haben meine Persönlichkeit verändert. Ich bin ruhiger, humorvoller und ausgeglichener geworden. Krisensituationen werfen mich nicht mehr so schnell wie früher aus der Bahn.

Was immer du tust, wo du auch bist, erhalte dir immer die Kommunikation mit deinem Herrn Jesus! Beten und Gott loben kannst du jederzeit, nicht nur zu bestimmten Gelegenheiten oder Tageszeiten.

„Ich will den Herrn preisen, sein Lob soll immerdar in meinem Munde sein" (Psalm 34,2).

Einer meiner wertvollsten Lernschritte in der Nachfolge ist, dass man tatsächlich nahezu allezeit Gott loben und preisen kann. Es kann zu einem Lebensstil werden, während des Tages im Gespräch mit Jesus zu bleiben und immer ein Loblied auf den Lippen zu haben.

Trübe Gedanken und ein dankbares Herz vertragen sich nicht. Böse Worte und ein Loblied können nicht gleichzeitig über deine Lippen kommen. Entscheide dich für ein Loblied! Deine Arbeit wird dir besser von der Hand gehen. Probleme wirst du durch die Gewissheit der Nähe Jesu ganz anders bewältigen können.

Wenn du Sünde vertuschst und nicht bereinigen willst, werden sich die Schwierigkeiten in deinem Leben anhäufen. Zwischen dir und Gott tritt „Funkstille" ein.

„Wer seine Missetaten verheimlichen will, dem wird es nicht gelingen, wer sie aber bekennt und lässt, der wird Barmherzigkeit erlangen" (Sprüche 28,13).

Ziehe jeden Tag geistlich Bilanz. Schlafe niemals ein, ohne den Tag mit Gott, deinem Ehepartner und deinen Kindern bereinigt zu haben. Stelle dich zu deinen Fehlern. Bekenne deine Schuld und suche Gottes Vergebung.

Du siehst, es sind drei einfache Prinzipien, die aber auf dein geistliches Leben enormen Einfluss haben.[10]

Nicht unter Druck setzen lassen

Das habe ich eben ganz locker aus meinem Buch „Bleib ruhig, Mama!" zitiert. Auch wenn ich nichts davon zurücknehme, weiß ich, wie schwierig es manchmal ist, danach zu handeln. Eine Umfrage über geistliches Auftanken im Alltag junger Familien in der Zeitschrift „Family"[13] hat mir noch einmal gezeigt, wie schwer es jungen Eltern fällt, wie sehr sich manche unter geistlichen Druck setzen lassen und wie viele ständig mit einem schlechten Gewissen herumlaufen...

Ein schlechtes Gewissen ist das Letzte, was ich mit meinen Ratschlägen erreichen will. Betroffen machen und ein wenig aufwühlen, damit neue Vorsätze gefasst werden – das schon!

Natürlich gibt es Zeiten, da kann man nicht so lange Andachten halten wie sonst: wenn gerade ein Baby geboren wurde, ein Kind krank ist oder sonstwie alles drunter und drüber geht.

Meinst du, Gott führt eine Strichliste über absolvierte Andachtsstunden und straft dich mit Missachtung, wenn du wirklich nicht dazu kommst? Nein, ihm kommt es zuerst auf die Beziehung zwischen euch an – und die kannst du auch im größten Stress aufrechterhalten!

Inzwischen kenne ich alle Varianten: Zeiten, in denen mich in meiner Begeisterung nichts davon abhalten konnte, Bibel zu lesen, Loblieder zu singen und zu beten – aber auch Tage absoluter Lustlosigkeit oder totaler Müdigkeit, an denen ich die Bibel nicht angerührt habe (und dann natürlich, wie viele andere, mit schlechtem Gewissen herumgelaufen bin). Oder Zeiten, in denen es so viel zu tun gab, dass ich einfach nicht dazu gekommen bin. Wenn das vorüber war, hatte ich interessanterweise wieder Lust, in der Bibel zu schmökern. So habe ich mit den Jahren gelernt, eine gemäßigte Disziplin einzuhalten und mit diesen Höhen und Tiefen zu leben.

Inzwischen weiß ich, dass jeder – typbedingt – seinen eigenen Andachtsstil hat: Es gibt den gewissenhaften, beständigen Typ, der sich bei Regelmäßigkeit wohl fühlt, jedoch auch den unbeständigeren, der Abwechslung braucht. Der erste Typ muss sich vor langweiliger Routine und Gesetzlichkeit hüten, der zweite darauf achten, dass er nicht zu oberflächlich wird. Wozu gehörst du?

Wenn es hart auf hart kommt, nimm dir deinem Typ und den Umständen entsprechend ein Minimalprogramm vor; vielleicht die Herrnhuter Losungen, ein Bibelleseheft oder lies (wie ich zur Zeit) die Bibel gemächlich von vorn bis hinten. Aber halte täglich eine Gebetszeit, möglichst zusammen mit deinem Ehepartner! Hast du dich erst einmal von übermäßigem Druck befreit, wird es bald mehr Tage bei dir geben, an denen du die Bibel verschlingst, als solche, an denen dein Minimalprogramm reichen muss.

Und praktiziere, was mich seit vielen Jahren geistlich fit hält: Jesus mit in den Tag nehmen! Was du auch gerade tust, du kannst dir Jesus immer vor Augen halten und mit ihm sprechen: beim Staubsaugen oder Autofahren, beim Karreschieben, unter der Dusche oder in der langen Schlange vor der Kasse im Supermarkt ...

Einige kleine Tipps können dir helfen, deinen guten Vorsätzen treu zu bleiben: Schalte das Radio im Auto oder in der Küche lieber aus und nutze die Zeit bewusst, um mit Jesus zu sprechen. Ich lege mir manchmal die aufgeschlagene Bibel ins Wohnzimmer und schaue mir im Vorbeigehen noch einmal die Verse meiner „Stillen Zeit" an. Andere pflastern die Badezimmertür von innen mit Bibelversen, die sie bei ihren „Sitzungen" gezwungenermaßen studieren müssen; andere ziehen den Spiegel, den Platz über der Spüle oder die Kühlschranktür vor.

Beeindruckt hat mich die Aussage einer jungen Mutter: „Ich will Jesus die beste Zeit des Tages schenken – und das ist, wenn mein kleiner Johannes schläft. Es juckt mir in den Fingern, endlich ungestört die notwendigen Hausarbeiten zu erledigen. Aber nein, ich setze mich hin und hinterher geht's umso schneller."

Singe viel und plaudere mit Jesus, aber achte darauf, dass er zwischendurch auch zu Wort kommt und dir etwas sagen kann. Dieser Lebensstil kann fruchtbarer sein als eine Pflicht-Morgenandacht, nach der man Jesus für den Rest des Tages vergisst.

Durch Krisen wachsen

Ich weiß, Jesus ist bei mir und er gibt mir Kraft. Davon lebe ich, Tag für Tag. Meinst du, deswegen liefe alles glatt und es gäbe keine Schwierigkeiten?

Im Leben jedes Menschen gibt es Zeiten, in denen es nicht so klappt, wie man es sich ausgemalt hat, so genannte Testsituationen – man kann auch von Krisen sprechen. Wir mögen sie alle nicht – aber wenn du sie erfolgreich durchgestanden hast, bist du ein Stück belastbarer und reifer geworden.

Von zwei unserer bisher härtesten Erprobungssituationen habe ich schon berichtet: meiner Erschöpfungsdepression und Eberhards Herzinfarkt. Durch sie haben wir viel über uns selbst und über Gottes Gnade gelernt und wir sind geistlich wesentlich stärker gewachsen, als wenn in unserem Leben alles glatt gelaufen wäre.

Meistens weißt du gar nicht, wie du wirklich reagieren wirst, wenn eine Katastrophe über dich hereinbricht. Hätte ich alles vorher gewusst, wäre ich in Panik unter den Tisch gekrochen und hätte gewimmert: „Das halte ich niemals durch!"

Eins will ich dir vor allem mitgeben: In plötzlichen Krisensituationen zehrst du davon, wie du vorher gelebt hast und was du an Glaubenszuversicht aufgebaut hast. Und wenn sie bestanden sind, bist du ein anderer Mensch!

Wir hatten eine Reihe von Familienjahren, in denen das meiste glatt lief; so ein richtiges „Bilderbuch-Leben". Wir kamen uns auch ganz toll vor. Interessanterweise hatte Eberhard bei unseren gemeinsamen Gebetszeiten immer wieder den gleichen Eindruck: „Vertieft eure Beziehung zu Jesus jetzt, wo es euch gut geht, denn es werden auch Zeiten kommen, in denen ihr darauf angewiesen seid!" Das haben wir uns zu Herzen genommen.

Wenn alles im Leben glatt läuft, neigt man dazu, das Bibellesen und die Gemeinschaft mit Gott nicht so ernst zu nehmen. Wenn allerdings Probleme kommen, schreien wir zum Herrn. „Not lehrt beten", sagt ein beschämendes Sprichwort. Aber was für ein geistlicher Stand ist das? Weil man nicht gelernt hat, ein beständiges Glaubensleben zu führen und Gottes Verheißungen zu vertrauen, gerät man trotz flehender Gebete in Panik, steckt voller Zweifel und Unglauben und gibt zum Schluss womöglich Gott die Schuld.

Eberhards Herzinfarkt traf mich völlig unerwartet wie ein Schlag. Plötzlich musste ich mich mit dem Gedanken abfinden, unsere große Familie allein durchzubringen, musste sein Büro auf dem Laufenden halten, alle seine Termine absagen und geschockte Kinder trösten. In den ersten Tagen verbrachte ich Stunden an seinem Bett auf der Intensivstation. Die Ärzte waren sehr zuvorkommend, aber sie hatten wahrscheinlich den Eindruck, ich hätte den Ernst der Lage nicht ganz begriffen. „Frau Mühlan, es steht sehr ernst um Ihren Mann. Wir wissen nicht, ob wir ihn durchbekommen werden", sagten sie immer wieder zu mir. Ich erschien ihnen wohl zu ruhig und gefasst.

Aber weißt du, was sich in mir abspielte? Ich wusste: Christus ist in mir! Gott hat die Kontrolle! Was er auch tun wird, es ist richtig!

Jesus gab mir wirklich Ruhe für meine Seele. Ich kam mir vor wie in einer sicheren Burg. Ich staunte über mich selbst. Das war die überwältigende Gnade Gottes, aber auch die Frucht unseres beständigen Lebens mit Christus.

In den Tagen danach verlor ich auch noch ein Baby; ich war im vierten Monat schwanger. Glücklicherweise brachte meine Freundin mich in dieselbe Klinik, in der Eberhard lag. Als Eberhard das erfuhr, ließ er keine Ruhe, bis er im Rollstuhl vorsichtig an mein Bett geschoben wurde. Das Bild hättest du sehen müssen: wir beiden lädierten Menschen, glücklich, dass wir uns an den Händen halten und ohne Worte trösten konnten.

Gott ersetzte uns das verlorene Baby, ich wurde wieder schwanger. Die Entbindung verlief ohne Komplikationen. Überglücklich hielt ich ein kleines, süßes Mädchen mit feuchten schwarzen Haaren in den Armen. Wir scherzten mit der Hebamme, einer guten Freundin von mir, und prosteten uns mit einem Glas Sekt zu. Dann wurde ich in mein Zimmer geschoben, Eberhard fuhr nach Hause.

In der Nacht wachte ich auf und spürte: Irgendetwas stimmte nicht. Ich schwamm in meinem Blut und merkte, wie ich langsam am Abtreten war. Ich schaffte es noch, auf den Klingelknopf für die Nachtschwester zu drücken. Dann ging alles sehr schnell. Das Not-OP-Team wurde zusammengerufen, die Ärzte versuchten, die

Blutung zum Stillstand zu bringen. Es gelang ihnen nicht, sie wollten operativ eingreifen und ich bekam eine Narkose. Mittendrin spürte ich, wie sie – klatsch, klatsch – versuchten, mich mit Ohrfeigen wach zu bekommen: „Frau Mühlan, wir schaffen es nicht. Wir müssen Ihren ganzen Unterleib ausräumen. Aber auch das ist sehr risikoreich."

Was meinst du, wie mir da zu Mute war? Oben tröpfelte es aus der Blutkonserve hinein und unten noch schneller heraus. Ich betete im Geist. Das war das Einzige, wozu ich in der Lage war. Wieder stellte ich erstaunt fest, dass ich gelassen blieb und Jesus bei mir wusste. „Holen Sie erst mal meinen Mann und versuchen Sie, diesen Eingriff so lange wie möglich hinauszuzögern", erwiderte ich.

Da sie sich ohnehin nicht sicher waren, ob ich die Operation überleben würde, setzten sie sich um mich herum und warteten. Nebenan hockte Eberhard und betete und meine liebe Hebammen-Freundin hatte sich eine zweite Freundin geholt und unterstützte ihn.

Nach einer Weile sagte einer der Ärzte: „Ich glaube, das Blut hört auf zu laufen." Kopfschüttelnd, aber sehr erleichtert schoben sie mich in mein Zimmer zurück, behielten mich aber gut im Auge.

Ich habe dir das wirklich nicht erzählt, um zu prahlen – meine Reaktion verblüffte mich ja selbst –, sondern um dir unvergesslich deutlich zu machen, wie wichtig es ist, deine Beziehung zu Jesus ständig zu vertiefen.

Natürlich habe ich mich mit Fragen herumgeschlagen wie „Warum passiert so etwas? Wieso lässt Gott es zu?". Ich fand keine vernünftigen Antworten, außer dass Gott sich ganz bestimmt etwas dabei gedacht hat, was ich zwar jetzt noch nicht kapiere, aber vielleicht später erkenne.

Aus „wieso" habe ich beim Grübeln dann „wozu" gemacht, das kann ich eher beantworten: Eberhard, der Draufgänger, hätte ohne einen radikalen Einschnitt kaum eingesehen, dass er seinen Lebensstil ändern musste. Er hat es getan, arbeitet jetzt wesentlich gelassener und meines Ermessens nicht weniger erfolgreich.

Ich lernte Jesus unvergesslich von einer neuen Seite kennen: nämlich als den Friedefürst, als Fels, auf dem man selbst angesichts des Todes sicher stehen kann. Die Erfahrung, dass Gott in einer

Krise so greifbar nahe ist, dass man nicht in Panik geraten muss, kann mir niemand mehr rauben. Das hat mich geistlich wachsen lassen und wesentlich zuversichtlicher und belastbarer gemacht.

Lass mich noch einmal den Satz von vorhin wiederholen: In plötzlichen Krisensituationen zehrst du davon, wie du vorher gelebt und was du an Glaubenszuversicht aufgebaut hast. Und wenn sie bestanden sind, bist du ein anderer Mensch!

Alles, was ich bis jetzt über Geist, Seele und Leib gesagt habe, zielt darauf ab, dich zu ermutigen und anzuspornen, in diesen drei eng zusammenhängenden Bereichen zu wachsen. Lernst du Belastbarkeit, wirst du den Herausforderungen deines Lebens anders begegnen können, als wenn du einfach in den Tag hineinlebst.

Den Alltag besser organisieren

Ich denke, ich habe dir ganz schön Appetit auf ein ausgeglichenes, belastbares Leben gemacht. Trotzdem sagst du dir vielleicht: „Die Ideen sind ja ganz gut, aber wo soll ich nur die Zeit und Energie hernehmen, um sie auszuführen?"
Meine Antwort: Indem du dir Ziele setzt und deinen Alltag besser organisierst!
Ich gebe oft praktische Ratschläge zu besserer Zeiteinteilung und Haushaltsführung, beobachte jedoch, dass sie selten umgesetzt werden. Manche Frauen wollen zwar den Erfolg sehen, aber nicht den Weg gehen, der dorthin führt.

Nicht so viel Zeit vertrödeln!

Es ist eben nicht so leicht, aus seinem Trott auszubrechen. Je lustloser du an bestimmte Arbeiten herangehst, desto länger dauert es, bis sie erledigt sind. Im Haushalt kann viel Zeit vertrödelt werden. Besonders für die Sachen, die dir am schwersten fallen – vielleicht der Abwasch, die Wäsche, putzen oder kochen –, brauchst du einen Plan, damit du schnell damit fertig bist und dich wieder angenehmeren Dingen zuwenden kannst. Ist es nicht so, dass du gerade an diesen lästigen Arbeiten ewig herumwurschtelst und dir damit den ganzen Tag verdirbst?
Überlege einmal: Was sind deine „Lust-" und „Zeit-Killer"?
Wenn du mich fragst: die Schularbeiten der Kinder, einkaufen, Arztbesuche, die ewige Bückerei nach herumliegenden Sachen, Gardinen waschen, Fenster putzen, mit dem Staubsauger immer wieder an den gleichen Stellen entlangmarschieren ...

Du wirst wahrscheinlich eine andere Liste aufstellen. Sei ehrlich, gib zu: „Ja, das hängt mir zum Halse raus ..." Aber was hilft's, gemacht werden muss es doch. Dann bring es doch so schnell und effektiv wie möglich hinter dich!

Bei einem guten Zusammenspiel kann dein Ehepartner dir einiges abnehmen. Bei uns betreut Eberhard die Schulangelegenheiten der älteren Kinder, ich die der Grundschüler. Auch bei Großeinkäufen führt er häufig die Regie. Genauso müssen Kinder lernen, ihren Teil zum Familienalltag beizutragen. Dennoch bleibt genug für uns Mütter übrig.

Was ich dir sagen möchte: Es hilft absolut nichts, zu jammern und die ungeliebten Arbeiten vor sich herzuschieben. Mache lieber eine vernünftige Planung, wie du alles unter einen Hut bekommst.

Ähnlich wie eine freie Unternehmerin oder ein Geschäftsmann hat eine Vollzeit-Hausfrau jeden Tag neu zur Verfügung. Die Arbeit ist zwar vorgegeben – oftmals immer wieder dieselben Handgriffe –, aber der Zeitrahmen kann weitgehend selbst bestimmt werden.

Früher habe ich nicht so viel von Planung gehalten. Ich liebte es spontan und meinte, alles im Kopf zu haben – bis ich einsah, dass ich tatsächlich viel Zeit für angenehmere Dinge und vor allem für meine Kinder und andere Menschen gewinne, wenn ich Mahlzeiten, Einkäufe, Haushaltsarbeiten und Kinderangelegenheiten besser koordiniere und plane. Doch dabei braucht man nicht zum Sklaven der eigenen Terminplanung werden. Oberstes Motto bleibt nach wie vor: „Menschen sind wichtiger als Dinge!" Selbstverständlich wirst du das angesetzte Fensterputzen sausen lassen, wenn deine Freundin anruft und dir ihr Herz ausschütten will. Aber es mag auch Vormittage geben, wo du dir sagst: „Keine belanglosen Telefonanrufe, jetzt wird die Arbeit durchgezogen!"

Mit Planung lebt sich's besser!

Natürlich habe ich Zeitplanbücher gelesen und weiß über lang-, mittel- und kurzfristige Ziele Bescheid. Da geht es zum Beispiel um Pläne, die du dir für ein Jahr, einen Monat, eine Woche oder den nächsten Tag machst. Manche Frauen leben mit einer genauen Agenda und haben Freude daran, alle Aufgaben penibel zu notieren und abzuhaken sowie sich regelmäßig Rechenschaft darüber abzulegen, wie sie ihre Zeit verbracht haben.

Ich denke, das ist für die meisten Mütter nicht nötig. Lass mich einmal berichten, wie ich meine Arbeit und meine Zeit einteile.

Neulich bekam ich einen Telefonanruf: „Claudia, kannst du nicht einmal erzählen, wie du deinen Tag planst? Ich komme einfach nicht durch!"

Nun gut, der Alltag und die Kinderzahl sehen bei mir wohl anders aus als bei dir, trotzdem wirst du vielleicht einige Ideen übernehmen können.

Als Erstes habe ich mir einen Terminer mit übersichtlichen Wochenplänen und herauslösbaren Vordrucken für Listen und Notizen besorgt – in Brieftaschengröße, damit er in meine Handtasche passt. Solche Terminer gibt es jetzt inzwischen preiswert in fast jedem Kaufhaus. Die unübersichtliche Zettelwirtschaft sollte endlich ein Ende haben. Kennst du das: Hier ein Zettel mit einem Zahnarzttermin, dort einer mit einer Adresse oder einem Geburtstagsdatum und irgendwo noch die angefangene Einkaufsliste ...? Und wenn man's braucht, ist nichts zu finden.

Es schont die Nerven, alles beieinander zu haben. Die Einkaufsliste in meinem Terminer ergänze ich ständig, wenn mir etwas einfällt, und zum Einkaufen reiße ich den Zettel einfach heraus.

Auch feste Termine, von denen ich nicht wenig habe, trage ich ein: Krankengymnastik, Nachhilfe, Terminänderung für die Klavierstunde, Besuche, Seelsorge ... Es kostet erst ein wenig Überwindung, bis man sich daran gewöhnt hat, aber dann kann man sich manchen Patzer ersparen.

Die größte Erleichterung brachte mir der „Geburtstags-Kalender", ein zeitloser Jahresplan für diese wichtigen Tage. Ich vergaß doch immer wieder, jemandem rechtzeitig zu gratulieren... Einmal gewissenhaft mit allen Daten von Verwandten, Bekannten und Mitarbeitern gefüttert, werden alle hoch erfreut sein, dass du sie nicht vergisst – vorausgesetzt, du schaust regelmäßig in deinen Kalender.

Übrigens, wenn du bei deinen Einkäufen immer die Augen für kleine, originelle Geschenke offen hältst, hast du stets etwas zur Hand, wenn ein Geburtstag naht. Ich habe eine halbe Kommode voll und sorge ständig für Nachschub. So kann ich immer aus dem Vollen greifen und mir das nervige Gerenne kurz vor einem Geburtstag ersparen.

Am Sonntagnachmittag, spätestens am Montagmorgen, schlage ich die neue Woche auf und überprüfe bzw. notiere die festen Termine, zum Beispiel: Dienstag, 10.00 Uhr – Krankengymnastik (Marie geht zu Sören), Mittwochnachmittag – Schuhe kaufen mit Mirke, Freitagvormittag – Schwimmen.

Unter „Notizen" schreibe ich auf, was ich in der neuen Woche über den alltäglichen Kram hinaus im Haushalt erledigen möchte: Gardinen waschen, Teppich schamponieren, alle Regale gründlich abstauben ... Manchmal muss ich Dinge, die ich in der Woche zuvor nicht geschafft habe, in die neue Woche übertragen. Es ist jedoch eine große Genugtuung, wenn ein Posten erledigt ist und auf der Liste durchgestrichen werden kann.

Du siehst, ich habe keinen täglichen Stundenplan, sondern einen wöchentlichen Erinnerungsplan, der mir zwar vor Augen hält, was zu erledigen ist, mir aber genug Flexibilität lässt, auf die Bedürfnisse anderer und auf meine eigene Stimmungslage einzugehen. Denn wenn es mir wirklich mies geht, picke ich mir nicht die schwersten Arbeiten aus meinem Wochenplan heraus.

Eine interessante und nachahmenswerte Variante habe ich bei einer Familie im Flur hängen gesehen: Ein großer Wochenplan, in dem alle regelmäßigen Termine und Verpflichtungen der Eltern und Kinder eingetragen werden. So weiß jeder Bescheid, was gerade läuft, und kann seine neuen Termine darauf abstimmen.

Ein Mahlzeiten-Wochenplan

Was hältst du davon, einen Mahlzeitenplan für die ganze Woche aufzustellen? Aber bitte nicht einen, nach dem du die Wochentage benennen kannst, weil es stets das Gleiche zu essen gibt. Er sollte schon über sieben regelmäßig wiederkehrende Standardgerichte hinausgehen.

Manchmal rufe ich in die Runde: „Was wollt ihr nächste Woche essen?", sammle die Vorschläge und verteile sie auf die einzelnen Tage.

Es gibt kaum etwas Uneffektiveres, als Tag für Tag planlos irgendetwas zu kochen und die Zutaten womöglich noch schnell zu überhöhten Preisen beim Kaufmann an der Ecke zu besorgen. Eine Vorausplanung der Mahlzeiten und die entsprechende

Vorratshaltung sparen Zeit und Geld. Ich fahre etwa einmal in der Woche einkaufen, aber dann richtig, und kann dabei manches Schnäppchen machen.

Wenn es ums Einkaufen und um Mahlzeitenplanung geht, stoße ich manchmal bei Müttern auf Hilflosigkeit oder auch Widerstand. Selbst folgender Tipp wird selten befolgt: Bereite doch bei manchen Mahlzeiten einfach die doppelte oder dreifache Menge und friere die Portionen ein. So kannst du häufig auf eine fertige Mahlzeit zurückgreifen und sparst Zeit. Gerade, wenn ohnehin nur für wenige Personen gekocht werden muss, bietet sich das an: Für gleich drei oder vier Mittagessen nur einmal einkaufen, Gemüse putzen, Töpfe und Küche schmutzig machen – ist das nichts?

Selbst bei den rund zehn Personen (das stimmt ja heute nicht mehr, s. o.!!), für die ich immer noch täglich koche, bereite ich bei bestimmten Gerichten doppelte Portionen zu, um sie einzufrieren.

Eine meiner Freundinnen hat endlich mit der Planung angefangen: Sie fragt die Kinder nach ihren Wünschen und hängt dann den Mahlzeiten-Wochenplan in die Küche. Wenn jemand bei einer Mahlzeit meckert, weist sie gelassen auf den Plan hin: „Nur nicht aufregen, dein Lieblingsgericht kommt auch noch dran!"

„Jetzt macht es mir wieder mehr Spaß zu kochen. Mit der Planung fühle ich mich viel sicherer und kann so auch besser mit der Nörgelei der Kinder umgehen", meint sie.

Ein typischer Tagesablauf

Wie sieht ein typischer Tagesablauf bei mir aus? Normalerweise setze ich mich um viertel vor sieben an einen gedeckten Frühstückstisch. Der Tischdienst ist unter den Schulkindern aufgeteilt. Danach haben Eberhard und ich, sofern er da ist, eine kurze Gebetszeit und sprechen die anliegenden Dinge für den Tag durch.

Und dann lege ich los: Tisch abräumen, Küche herrichten, fegen, saugen, Wäsche waschen, trocknen und zusammenlegen, aufräumen ... Das kennst du ja auch alles. Ich habe zwar inzwischen an fünf Tagen der Woche vormittags für vier Stunden eine Hilfe, aber dafür auch einen anderen Haushalt zu bewältigen: neun Personen (stimmt nicht mehr!!), rund zehn Zimmer und einen großen Garten.

Mein Ziel ist, vormittags den alltäglichen Kram und die periodisch anfallenden Arbeiten zu schaffen. Zwar springt uns Marie ständig um die Beine, aber da wir erst um halb zwei Mittag essen, schaffen wir das normalerweise. Nachmittags möchte ich nach einer kurzen Mittagspause für die Kinder da sein oder Arbeiten erledigen, an denen sie teilnehmen können: Einkäufe, Gartenarbeit, Näh- und Stopfarbeiten...

Nach so einem Tag mag ich abends grundsätzlich nicht mehr arbeiten. Diese Zeit ist für mich, für Eberhard oder die großen Kinder reserviert – wenn wir nicht gerade andere Verpflichtungen haben.

Manche Mütter sind abends darauf angewiesen, dass der Mann den Abwasch macht oder noch schnell zum Staubsauger greift. Vielleicht hat ein Krankenbesuch oder die Mithilfe in der Kirchengemeinde zu lange gedauert. Aber vielleicht arbeitest du zu planlos oder hast dich durch weniger Wichtiges aufhalten lassen. Ich kann auch zutiefst nachempfinden, was für ein Chaos Kleinkinder in einer Wohnung anrichten und wie stark Säuglinge einen von der Hausarbeit abhalten können. Trotzdem kann ein Haushalt mit der richtigen Planung und Motivation tagsüber bewältigt werden.

Ich behaupte ganz provokativ: Die Haupthindernisse sind Desorganisation und Unlust. Gegen beides kann etwas unternommen werden!

Sind beide Ehepartner berufstätig, bin ich strikt dafür, dass sie sich die Hausarbeit nach Feierabend teilen. Hat sich ein Paar jedoch entschieden, dass er erwerbstätig ist und sie tagsüber den Haushalt versorgt, dann sollte er nach Feierabend nicht mit Hausarbeiten überladen werden, die während des Tages hätten erledigt werden können. Begründete Ausnahmen gibt es natürlich immer und es bleiben genügend Arbeiten, die entweder zu schwer für sie sind oder die sie nicht erledigen kann, etwa Großeinkäufe, schwere Gartenarbeiten und Reparaturen. Mithelfen beim Abräumen des Abendbrottisches halte ich für selbstverständlich.

Ein vollberufstätiger Mann muss nach Feierabend vor allem Vater für seine Kinder sein können, die er schließlich den ganzen Tag nicht um sich hatte. Um seine Frau spürbar zu entlasten, sollte er ihr die Kinder wirklich abnehmen: mit ihnen spielen, Schularbeiten nachsehen, Vokabeln üben, die Kleinen wickeln, knuddeln und ins Bett bringen. Seine Frau sollte ihm dafür Freiraum geben, sie darf sogar darauf bestehen und diese Zeit nutzen, um sich von den Kindern zu erholen.

Neulich sprach ich mit einer allein erziehenden Mutter, die halbtags berufstätig ist, während ihre zwei Kinder in Kindergarten und Grundschule sind. Sie sagte: „Ohne Terminer und Zeitplanung wüsste ich gar nicht, wie ich durchkommen sollte! In den letzten Monaten habe ich damit geschludert. Es blieb nicht nur eine Menge Arbeit liegen, ich war auch eklig unzufrieden mit mir. Jetzt plane ich wieder, einmal in der Woche richtig einzukaufen, und stelle einen Wochenplan für unsere Mahlzeiten auf. Ohne ihn habe ich nicht so gesundheitsbewusst gekocht. Ich komme jetzt nicht nur besser mit meiner knappen Zeit durch; ich bin auch stolz, dass ich neben meinem Beruf noch einen Haushalt meistern kann. Seltsam, im Berufsleben ist man ständig dabei, zu organisieren und Aufgaben effektiver zu erledigen, und zu Hause neigt man dazu, den Karren planlos laufen zu lassen..."

Diesen kurzen Kommentar finde ich interessant. Man sollte meinen, Vollzeit-Hausfrauen fiele es leichter, ihren Arbeitstag zu strukturieren. Für viele trifft das offensichtlich nicht zu. Manchmal fehlt ihnen die Herausforderung und ein wenig Druck.

Ideen muss man haben!

Ich freue mich immer über Mütter, die sich etwas einfallen lassen, damit ihr Alltag nicht öde wird und die Arbeit flotter erledigt ist. Von ihnen kann man lernen.

Gemeinsam geht es besser

Begeistert war ich von einem Artikel in der Frauenzeitschrift „Lydia"14. Dort berichten zwei Frauen, dass sie ihre Wohnungen zusammen putzen. Erst die eine und dann die andere. Ein herrlicher Einfall!

„Wir haben schon einige Kilometer Fußböden geschrubbt, etliche Schränke verrückt, aus- und wieder eingeräumt, abgestaubt und eingewachst, quadratmeterweise Teppiche abgebürstet, Riesenflächen von Fenstern geputzt und noch so einiges mehr – es ist uns niemals langweilig gewesen, denn wir konnten ja nebenher immer so herrlich miteinander ‚ratschen'. Das gemeinsame Gebet schließt uns jedes Mal vor Gott zusammen und wir wissen, dass wir mit unseren Treffen etwas bewegen, das unseren Familien nur zugute kommen kann!"

Ihr könnt natürlich auch im Garten gemeinsam arbeiten. In der einen Woche rückt ihr dem Unkraut in deinem Garten zu Leibe und in der anderen dem bei deiner Freundin. Was hältst du davon, zu zweit Marmelade zu fabrizieren oder Mahlzeiten vorzukochen und einzufrieren?

Dein „Maschinen-Park"

Was Haushaltsgeräte betrifft, haben wir es im Vergleich zu unseren Großeltern viel leichter. Ich darf mir gar nicht vorstellen, wie hart früher eine Mutter mit meiner Kinderzahl arbeiten musste! Allein die Vorstellung, ich müsste all unsere Wäsche in einem Kübel über offenem Feuer kochen, sie durchrühren, auswringen, aufhängen, runterholen, bügeln ...

Und dann eine Vorratshaltung ohne Kühlschrank und Tiefkühltruhe – unvorstellbar!

Also, liebe Mütter, lasst uns ein Danklied singen, dass wir in der heutigen Zeit leben und alle sinnvollen Erleichterungen ausnutzen können.

Ich bin Eberhard dankbar, dass Haushaltsgeräte nie ein Streitthema waren und ich damit immer auf dem neuesten Stand bleiben konnte. Es gibt nach wie vor Männer, die ganz schnell eine neue Videokamera kaufen, aber nicht darauf kommen, wie sehr ein Wäschetrockner das Leben ihrer Frau erleichtern kann.

Denkt sachlich durch, was deine Hausarbeit effektiv erleichtern kann, und dann spart nicht an der falschen Stelle. Teilt euer Familieneinkommen klug ein. Manche anderen Ausgaben können wirklich warten oder sind nicht so nötig. Vielfach ist es eine Frage der Prioritäten und des Anspruchs. Ist das nächste Auto, das „Lieblingsspielzeug" der deutschen Bürger, tatsächlich jetzt schon dran, oder kann es nicht doch noch ein Jahr warten und stattdessen ein Geschirrspüler angeschafft werden? Selbst die Entscheidung zwischen einem neuen Möbelstück und einer kräftigen Küchenmaschine könnte zu Gunsten der letzteren ausfallen.

Wer's hat, kann sich alles gleichzeitig leisten. Wer's nicht hat, muss Prioritäten setzen. Mich wurmt es jedenfalls, dass Arbeitserleichterungen für Hausfrauen oft an letzter Stelle stehen.

Überlegt einmal, ob es bei eurem Familieneinkommen möglich ist, einen kleinen Posten für eine Putzhilfe abzuwacken. Allein, sich einmal in der Woche die Grundreinigung machen zu lassen, kann eine enorme Erleichterung sein. Gerade Müttern, die solche Arbeiten sehr ungern erledigen, kann das wieder zu neuer Lebensfreude verhelfen. Selbst bei einem durchschnittlichen Gehalt ist es nicht unmöglich. Man muss halt auf etwas anderes verzichten.

„Kindertausch"

Kleine Kinder sind meistens die große Bremse, wenn du flott an deine Hausarbeit gehen möchtest. Deshalb denke noch einmal über den „Kindertausch" nach, den ich schon erwähnt habe. Gerade bei Kleinkindern, denen man einen täglichen Kindergartenbesuch noch nicht zumuten möchte, bietet es sich an, sie einige Tage in der Woche jeweils für ein paar Stunden der Obhut der einen Mutter zu überlassen, während die andere frei ist.

Ältere Kinder können auch mal woanders übernachten – ein Wochenende ohne Kinder, das ist eine Erholung! Während der Schultage erlaube ich zwar keine „Schlafgäste" und kein Auswärtsschlafen, damit die Kinder für die Schule fit bleiben, aber am Wochenende und in den Ferien ist bei uns ein ständiges Kommen und Gehen. In jedem Kinderzimmer steht eine zusätzliche Schlafmöglichkeit bereit. Einige Besucher haben schon ihre eigene Bettwäsche deponiert, die sie sich jedes Mal selbst aufziehen, wenn sie kommen. Ich habe wenig mit den kleinen Gästen zu tun. Meine Kinder wissen genau, dass sie die Gastgeber sind, und sorgen dafür, dass ein Handtuch bereitliegt und sich der Gast auch sonst wohl fühlt.

Wenn Eberhard und ich dann tatsächlich ein Wochenende (fast) für uns haben, machen wir so richtig einen drauf –, durch die Stadt bummeln, ins Kino gehen, hinterher noch in ein nettes Restaurant, und wenn wir dann endlich zu Hause sind, denken wir noch lange nicht an schlafen...

Du siehst, es lohnt sich, einen guten Freundeskreis aufzubauen. Das ist natürlich nicht leicht und bei den falschen Freunden kann man sich mehr Probleme einhandelt als Erleichterung bekommen. Aber ich empfehle dir, stets die Augen offen zu halten und für befreundete Familien zu beten. Du brauchst sie!

Ich denke, zu viele Familien leben zu isoliert. Selbst der Zusammenhalt unter Verwandten ist nicht mehr so, wie er früher war. Große Entfernungen zu Großeltern und Verwandten machen es schwer, sich gegenseitig zu helfen. Deswegen muss das, was die Verwandtschaft sonst auffängt, von guten Freunden und der Kirchengemeinde getragen werden.

Mitarbeit von Kindern

Für mich ist klar: Hausarbeit ist nicht nur meine Sache. Jeder, der in einer Familie lebt, hat seinen Teil zum reibungslosen Ablauf beizutragen. Von einem „Hotel Mama", in dem sich die Kinder von vorn bis hinten bedienen lassen, halte ich überhaupt nichts.

Denke dran: Nicht nur Mädchen, auch Jungen tragen ihren Teil Verantwortung. Schließlich möchtest du doch deinen zukünftigen Schwiegertöchtern einmal in die Augen schauen können! Wie kannst du das, wenn deine heranwachsenden Jungen als kleine Paschas keinen Finger rühren müssen?

Betrachte das Mithelfen deiner Kinder also nicht vordergründig nur als Arbeitserleichterung für dich, sondern erkenne die weit reichenden Folgen für ihre Persönlichkeitsentwicklung. Möchtest du, dass dein Kind Hilfsbereitschaft, Ausdauer und Selbständigkeit erwirbt, dann gib ihm Aufgaben, bei denen es diese Tugenden erlernen und anwenden kann. Der ideale Rahmen ist die Mitarbeit in der Familie.

Ich will einmal umreißen, wie die Mitarbeit von Kindern ab etwa sechs Jahren in unserer Familie aussieht:

Einmal in der Woche hat ein Kind einen ganzen Tag Küchendienst. Mit dem Eintritt in die Schule werden sie in diese Aufgabe eingeführt. Dazu gehört, dass sie den Tisch vollständig decken, einschließlich Wurst- und Käseplatte, ihn nach dem Essen abräumen, das schmutzige Geschirr in den Geschirrspüler räumen und das saubere in die Regale und Schränke.

Die Kinder leeren die Papierkörbe in ihren Zimmern aus. Sie bringen ihre Schmutzwäsche an die Waschmaschine und räumen die saubere Wäsche selbständig in ihre Schränke ein. Die großen

Mädchen sind allein verantwortlich für die Ordnung in ihrem kleinen Bad. Die Kinder halten ihr Zimmer eigenständig in Ordnung, putzen ihre Schuhe selbst und achten an ihrem Platz in der Garderobe auf Ordnung.

Allen Kindern ist klar, dass sie ihren Teil Verantwortung tragen, damit der Familienalltag reibungslos verläuft. Für uns ist dies von Anfang an ein klar formuliertes Erziehungsziel gewesen. Tatsächlich ist es zu einer nahezu selbstverständlichen Haltung bei den Kindern geworden.

Trotz allem, achte darauf, dass du dein Kind nicht überforderst. Den richtigen Maßstab zu finden, ist nicht so einfach. Muss ein Mädchen zum Beispiel jeden Tag Küchendienst machen, ständig putzen und aufräumen, wird es nach unserem Ermessen zu stark beansprucht. Je nach Typ wird es entweder aufbegehren, die Aufgaben unwillig und schlampig durchführen oder immer langsamer werden und sich verdrücken. Wir haben Familien beobachtet, in denen sich die Kinder so viel wie möglich außer Haus bewegen, denn jedes Mal, wenn Mutter oder Vater eins erspähen, heißt es: „Ach, komm doch mal. Kannst du nicht mal schnell dies erledigen...", oder: „Pass mal auf deine kleine Schwester auf", „Kauf mal schnell das ein." Eltern, besonders wenn sie so richtige Schaffertypen sind, merken noch nicht einmal, dass sie ihre Kinder damit überfordern und sie sich entfremden...

Wir haben eine große Familie und ein großes Grundstück zu verwalten. Die Arbeit hört nie auf. Auf keinen Fall möchten wir in diese „Erwartungsfalle" geraten, womöglich in dem Ausmaß, dass sich unsere Kinder verdrücken, wenn Papa oder Mama nahen, weil es dann nach Arbeit „riecht". So haben wir in unserer Familienrunde klare Abmachungen getroffen. Zu den schon genannten regelmäßigen Hausarbeiten kommt noch ein wöchentlicher Arbeitsnachmittag für gut zwei Stunden, an dem der Hof gefegt oder Laub geharkt wird, dem Unkraut zu Leibe gerückt, ein gründlicher Hausputz gemacht wird oder was sonst der Familienalltag erfordert. Nun gut, darüber hinaus gibt es immer noch einige kleine, spontane Aufgaben – aber damit hat es sich. Der Rahmen der elterlichen Erwartungen ist klar abgesteckt. Die Kinder wissen, was sie zu tun haben.

Damit ist noch nicht alles erledigt. So schreibt Eberhard weitere Arbeiten aus und bezahlt sie. Das sind außergewöhnliche Leistungen, und wenn ein Kind bereit ist, seine Freizeit zusätzlich zu opfern, soll es dafür entschädigt werden. Da bei uns immer irgendjemand Geld braucht oder für etwas spart, haben wir keine Probleme, einen freiwilligen Arbeiter zu finden.[11]

Wenn ich frage, wie es so mit der Hilfe der Kinder aussieht, stöhnen Mütter häufig: „Ich komme damit nicht durch. Die Kinder maulen so und sind nur unwillig bei der Sache. Am liebsten würde ich aufgeben und den ganzen Kram alleine machen."

Gib nicht auf! Deine Kinder brauchen es für ihre Lebenstüchtigkeit und du hast ein Recht auf diese Erleichterung. Du bist nicht die Putzfrau deiner Familie. Ich hoffe nur, dein Mann sieht es auch so und unterstützt deine Position. Damit deine Kinder mithelfen, brauchst du eine langfristige, kluge Strategie. Ich hoffe, meine Beschreibung wird dir helfen, zum Ziel zu kommen.

Mit braven Kindern lebt sich's leichter

Na klar, mit Kindern, die sich einfügen, sich selten zanken, ihr Zimmer von selbst in Ordnung halten und in der Schule keine Schwierigkeiten machen, lässt es sich schon aushalten.

Aber mit der Erziehung ist es ähnlich wie mit der Haushaltsführung und Zeiteinteilung: Manche Frauen wollen zwar den Erfolg sehen, aber nicht den Weg gehen, der dahin führt. Sie wollen eine effektive Hausfrau sein, sind jedoch zu bequem, sich Ziele zu setzen, Mahlzeitenpläne aufzustellen und ihre Zeit neu einzuteilen. Sie wollen „brave Kinder", aber sie nehmen sich nicht die Zeit, Erziehungsbücher zu lesen, ein entsprechendes Seminar zu besuchen und sich in die Psyche eines Kindes zu versetzen. Das Gleiche gilt natürlich auch für Väter.

Ich will hier nicht auf Erziehungsfragen eingehen – darüber haben Eberhard und ich ja einige Bücher geschrieben –, sondern nur darauf hinweisen, dass du dich auch in diesem Bereich schulen musst, falls du es nicht schon getan hast.

Wenn du dein Kind motivieren kannst, wenn du deine Anerkennung aussprichst, Belohnungen geschickt einsetzt und zum Beispiel mit den „Wochenplänen" arbeitest, die wir in unserem „Großen Familien-Handbuch?"[12] vorgestellt haben, kann wesentlich mehr Ruhe und Ausgeglichenheit in deinen Alltag kommen.

All dies schütteln durchschnittliche Eltern nun mal nicht aus dem Ärmel, sondern müssen es erst einmal lernen – genau wie wir.

Belohnungen für Mütter

Aber wer belohnt Mütter für ihre Mühe? Wenn andere nicht darauf kommen, dann mach es selbst!
Manchmal können dich kleine Sachen bei Laune und auf Trab halten. Gönne dir eine kleine Belohnung, wenn du ein gestecktes Ziel erreicht hast.
Sage dir zum Beispiel: „Wenn ich mit dem Saugen durch bin, setze ich mich mit einer Tasse Kaffee in den Sessel und höre mir ein Musikstück an!" Der Gedanke an den Kaffeeduft kann dich beflügeln. Oder: „Erst der Abwasch, aber dann ein kleiner Plausch mit meiner Freundin am Telefon!" Mit diesen fein dosierten „Höhepünktchen" wird es dir eher gelingen, die Arbeiten auf deinem Wochenplan nacheinander abzuhaken.
Zur Organisation des Alltags gehören aber auch feste Zeiten für Entspannung, Kreativität und Weiterbildung. Was man so anstellen kann, habe ich schon im Kapitel „Halte deine Seele bei Laune!" beschrieben. Deine persönliche Zeit muss einen festen Platz im Wochenplan haben und darf nicht erst kommen, wenn alles andere erledigt ist...
Wenn du etwas geübter darin bist, deine Zeit einzuteilen und zu organisieren und flotter zu arbeiten, wirst du erstaunt sein, wie viel Lücken du für dich findest.
Wie es auch kommt: Ich plädiere dafür, dass Mütter einen halben freien Tag pro Woche haben, an dem sie tun und lassen können, was sie wollen! Das ist ein hohes Ziel – man kann sich aber auch zufrieden geben, wenn es alle vierzehn Tage klappt. Deine gesamte Alltagsorganisation sollte darauf zusteuern.

Ziele setzen

Erinnere dich noch einmal an die Ideen und Vorschläge von mir und anderen Müttern, die du hier gelesen hast. Welche Ziele wirst du dir setzen?

Jetzt will ich doch einmal von langfristigen und kurzfristigen Zielen sprechen. Wo möchtest du, sagen wir einmal, in fünf Jahren stehen? Was für eine Hausfrau und Mutter möchtest du dann sein?

Lass mich einige Vorschläge machen:

▷ Ich will nicht in den Tag hineinleben, sondern meine Arbeiten planen und organisieren!

▷ Ich möchte meine Familie gesundheitsbewusst ernähren und eine gute Köchin sein!

▷ Ich will in der Kindererziehung sicher sein!

▷ Ich will, dass meine Kinder eigenständig sind und eine gute Arbeitshaltung haben!

▷ Ich will ausgeglichen und fröhlich bleiben. Dazu gehört, dass ich Zeit zu meiner Entspannung und Weiterbildung einplane!

▷ Ich will kontaktfreudig sein und einen guten Freundeskreis haben!

Hiermit habe ich die Ratschläge dieses Kapitels in etwa zusammengefasst. In einigen Punkten bist du sicherlich schon recht gut – aber was ist mit den anderen? Welche davon möchtest du im nächsten Jahr verwirklichen? Kreuze doch zwei an und mache einen Plan, wie du sie in die Praxis umsetzen kannst.

Wenn du zum Beispiel nicht mehr in den Tag hineinleben, sondern deine Arbeiten planen und organisieren willst, wirst du nicht ohne Terminer und Wochenplan auskommen. Also besorge dir so ein Ding und fange an, deine tägliche Arbeit zu strukturieren.

Du wünschst dir, dass dein Mann sich mehr um die Kinder kümmert? Dann sieh zu, dass du tagsüber mit deiner Arbeit durchkommst und sprich mit ihm über die Arbeitsteilung nach Feierabend, aber nicht fordernd und nörgelnd. Ermutige ihn und zeige dich dankbar, wenn er seinen Teil tut. Obwohl sie gute Väter sein wollen, sind manche Männer recht ungeschickt und brauchen einfach Hilfe.

Geht's ums Kochen, sind viele junge Mütter unsicher. Kein Wunder, denn wer lernt es noch richtig in der Familie, in der er aufgewachsen ist? Melde dich doch einfach einmal bei einem Kochkursus an, lies einige gute Bücher zu gesundheitsbewusster Ernährung und stelle mit deinem Mann und deinen Kindern die Mahlzeitenpläne auf. Du wirst sehen, das ist gar nicht so schwer, und zum Schluss bist du glücklich über das, was du erreicht hast.

Neben unseren Büchern gibt es viele weitere gute Titel auf dem christlichen Büchermarkt. Besorge dir am besten zwei für die Altersgruppe deiner Kinder und arbeite sie durch. Auch ein Erziehungsseminar kann enorm weiterhelfen, zum Beispiel bei „Team.F – Neues Leben für Familien e. V." (Honseler Bruch 30, 58511 Lüdenscheid, Tel. 0 23 51-8 16 86). Es handelt sich dabei um eine Ehe- und Familienarbeit, in der wir leitend mitarbeiten. Habe keine Scheu, mit anderen erfahrenen Eltern über deine Kinder zu sprechen. Warum soll jeder die gleichen Fehler wiederholen? Man kann doch voneinander lernen!

Wenn du deine Kinder besser verstehst und ihre persönliche Reife berücksichtigen kannst, wirst du sie auch zu einer guten Arbeitshaltung in der Familie anleiten können. Erspare dir die Demütigung, „Mädchen für alles" zu sein.

Schmökere noch einmal das Kapitel „Halte deine Seele bei Laune" (S. 37) durch. Und lerne, feste Termine für dich zu planen.

Bleib am Ball, was Freundinnen und Familien mit gleichaltrigen Kindern betrifft. Wenn du nicht auf andere zugehst und bestehende Kontakte pflegst, bleibst du einsam. Denke deinen Bekanntenkreis und deine Nachbarschaft durch: Mit wem willst du in den nächsten Wochen Kontakt aufnehmen?

Wenn du noch ziemlich am Anfang stehst, fühlst du dich von dem, was ich eben gesagt habe, vielleicht überrollt. Deswegen ist es gut, sich nur wenig vorzunehmen, aber dann zäh dranzubleiben. Hast du erst einmal ein paar Erfolgserlebnisse, wirst du dich auch an schwierigere Themen heranwagen!

Eine Frau mit Ausstrahlung

Was für ein Muttertyp bist du?

Bis jetzt ging es im Wesentlichen darum, wie du deinen Alltag als Mutter gestalten kannst, ohne auszubrennen.
Aber: Haushalt und Erziehung sind nicht alles! Du darfst deine Lebenserfüllung und Selbstbestätigung nicht allein in Hauswirtschaft und im Umsorgen von Kindern und Ehemann sehen, so wichtig diese Bereiche auch sind. Es gibt mehr!
Begnügst du dich allein damit, stehst du womöglich einmal ganz schön enttäuscht da – nämlich dann, wenn dein Einsatz nicht mehr so benötigt wird. Die Kinder werden größer und selbständiger und auch die Arbeit im Haushalt nimmt ab.
Ich denke mit Sorge an den „Muttertyp", der noch immer in der Wohnung herumpuzzelt, als wenn es viel zu tun gäbe, obwohl die Kinder aus dem Haus sind; der vergangenen Zeiten nachjammert und ewige Dankbarkeit erwartet, wenn er die Kinder nicht gar an sich binden will und manipuliert. So eine Frau hat einfach keine Energie oder auch keine Einfälle, um etwas Neues anzufangen. Obwohl sie noch gar nicht so alt ist, ist ihr Leben schon gelaufen...
Das andere Extrem mag ich auch nicht: Frauen, die schon ihr Baby um der beruflichen Karriere willen aus den Händen geben. Dir brauche ich, glaube ich, nicht erst erklären, wie wichtig eine enge, entspannte Mutter-Kind-Beziehung nicht nur in den ersten Lebensjahren, sondern die ganze Kindheit hindurch ist. Aber nicht jede Frau kann für einige Zeit ganz aus dem Beruf aussteigen, vielleicht weil ein Verdiener für den Familienunterhalt

einfach nicht ausreicht oder weil sie allein erziehend ist. Dann muss sie die Doppelbelastung Familie und Beruf durchstehen und manches von dem, was ich vorschlage, wird schwer zu verwirklichen sein.

Selbst nach wenigen Familienjahren wieder in einen Beruf einzusteigen, ist sehr schwer. Da muss auf politischer Ebene noch einiges für uns Mütter geschehen. Bei dem heutigen gesellschaftlichen Denken darf eine Mutter sich als Heldin und Abenteurerin mit ungewisser Zukunft ansehen und als gesellschaftspolitisch sehr engagiert, denn sie erspart dem Staat eine Menge Geld, sorgt für den Weiterbestand der Rentenversicherung und erzieht kompetente Bürger. Nur gut, dass du und ich nicht auf die finanzielle Seite sehen. Geld ist wirklich nicht alles!

Für die, die sich eine Zeit lang ganz ihrer Familie widmen können, sei es deutlich gesagt: Haushalt und Erziehung ist eine sehr wichtige, aber doch begrenzte Epoche. Danach geht das Leben weiter. Deshalb bleibe aktiv, flexibel und wissensdurstig. Betrachte Haushaltsführung und Erziehung als Weiterbildung und Vorbereitung für die Zukunft. Zeigst du dich hier in „Management" und „Personalbetreuung" erfolgreich, bringst du gute Voraussetzungen für spätere Tätigkeiten mit. Das muss ja nicht immer Erwerbstätigkeit sein, denn nicht alle Frauen sind aufs Geldverdienen angewiesen.

Bemühe dich jetzt, dir Ziele zu setzen, sie zu erreichen und eine gute Zeit- und Arbeitsplanung zu verwirklichen!

Ideale, Träume und Sehnsüchte ...

Deine Identität solltest du nicht allein in Familie oder Berufstätigkeit sehen – suche und finde sie auch in deiner Beziehung zu Jesus und deiner Stellung als Frau. Gott hat einen Plan für dein ganzes Leben!

Sieh es doch einmal so: Als eigenständige Persönlichkeit hast du dich entschlossen, Gott jetzt und in den nächsten Jahren in deiner Familie zu dienen. Nicht, weil es so sein muss – du hättest ja auch andere Möglichkeiten –, sondern weil du es für richtig hältst und es willst.

So ein Frauentyp möchte ich sein! Ich nenne ihn „eine Frau mit

Ausstrahlung". Bist du so einer Frau schon begegnet? Ich will sie dir beschreiben:

Sie hat einfach einen gewissen Pfiff! Man sieht ihr an, dass sie frei ist und weiß, was sie will. So schnell lässt sie sich nicht unterkriegen. Aber gleichzeitig fühlt man sich in ihrer Gegenwart wohl. Sie ist gepflegt und verbreitet Schönheit und Humor. Sich mit ihr zu unterhalten, ist eine Bereicherung: Sie kennt weder Selbstmitleid noch Langeweile, sprüht vor Ideen und Kreativität und kann doch zuhören und verschwiegen sein.

Sie ist eine Frau, von der Männer denken: Das ist ja ein interessanter Typ! – und das auf Grund ihrer Persönlichkeit, nicht allein wegen ihrer Erotik. Es scheint, als hätte sie ein Geheimnis, das man unbedingt aufspüren möchte, deswegen fühlt man sich zu ihr hingezogen.

Ich bin aufrichtig: Das ist der Frauentyp, von dem ich schwärme. So möchte ich gern leben und auf andere wirken. Diese Beschreibung birgt meine Ideale, Träume und Sehnsüchte. Ich weiß, dass ich einen Teil bereits umsetze. Das andere lerne ich halt noch.

Eine Frau, wie Gott sie gewollt hat

Nun gut, das sind meine Vorstellungen von einer Frau mit Ausstrahlung. Wie sieht die Bibel sie? Decken sich meine Vorstellungen mit dem Wort Gottes?

Ich möchte jetzt nicht alle Frauen der Bibel vorstellen, sondern mich lediglich auf einen Text aus dem Alten Testament beschränken:

„Eine tüchtige Frau – wer findet sie schon? Sie ist wertvoller als viele Juwelen! Ihr Mann kann sich auf sie verlassen, sie bewahrt und vergrößert seinen Besitz. Ihr Leben lang tut sie ihm Gutes, niemals fügt sie ihm Leid zu.

Sie besorgt sich Wolle und Flachs und verarbeitet es mit geschickten Händen. Von weit her schafft sie Nahrung herbei wie ein Handelsschiff aus fernen Ländern.

Noch vor Tagesanbruch steht sie auf und bereitet das Essen; den Mägden sagt sie, was zu tun ist. Sie hält Ausschau nach einem ertragreichen Feld und kauft es; von dem Geld, das ihre Arbeit einbringt, pflanzt sie einen Weinberg.

Unermüdlich und voller Tatkraft ist sie bei der Arbeit; was getan werden muss, das packt sie an! Sie merkt, dass ihr Fleiß Gewinn bringt; beim Licht der Lampe arbeitet sie bis spät in die Nacht.

Ihre Stoffe webt und spinnt sie selbst. Sie erbarmt sich über die Armen und gibt den Bedürftigen, was sie brauchen. Den kalten Winter fürchtet sie nicht, denn ihre ganze Familie hat Kleider aus guter und warmer Wolle. Sie fertigt schöne Decken an und ihre Kleider macht sie aus feinem Leinen und purpurroter Seide.

Ihr Mann ist überall bekannt und was er sagt, hat großes Gewicht im Rat der Stadt.

Sie näht Kleidung aus wertvollen Stoffen und verkauft sie, ihre selbst gemachten Gürtel bietet sie den Händlern an.

Sie ist eine würdevolle und angesehene Frau, zuversichtlich blickt sie in die Zukunft. Sie redet nicht gedankenlos und ihre Anweisungen gibt sie freundlich. Sie kennt und überwacht alles, was in ihrem Haus vor sich geht – nur Faulheit kennt sie nicht!

Ihre Söhne reden voller Stolz von ihr und ihr Mann lobt sie mit überschwänglichen Worten: ‚Es gibt wohl viele gute und tüchtige Frauen, aber du übertriffst sie alle!'

Anmut kann täuschen und Schönheit vergeht wie der Wind – doch wenn eine Frau Gott gehorcht, verdient sie Lob! Rühmt sie für ihre Arbeit und Mühe! In der ganzen Stadt soll sie für ihre Taten geehrt werden!" (Sprüche 31,10-31; Hfa).

Wenn ich früher diesen Text überflogen habe, zog ich den Kopf ein – wenn man von dieser supertüchtigen Hausfrau liest, kann man aber auch wirklich Minderwertigkeitskomplexe bekommen. Aber je mehr ich ihn heute studiere, desto lieber wird er mir.

Um es gleich zu sagen: Hier wird nicht das tägliche Arbeitspensum einer Frau aufgelistet, sondern Rückblick auf das Leben einer tüchtigen Mutter und Hausfrau gehalten. Diese Frau hat nämlich schon erwachsene Kinder – vielleicht ist sie ungefähr in meinem Alter – und alles, was sie im Laufe ihres Lebens geleistet hat, wird in diesen Versen geschildert. Falls sich jemand Gedanken macht, ob sie jemals Ruhe gehabt hat: Als gottesfürchtige Frau hat sie ganz bestimmt den Sabbat gehalten und damit mehr Pausen gehabt als manch eine Frau heute.

In der jüdischen Tradition zitierten Männer und Kinder diese Passage gern am Sabbat, um ihre Frau beziehungsweise Mutter zu ehren. Diese Verse zeigen Aufgaben und Verantwortungsbereiche, die einige verbreitete Missverständnisse über die Berufung der Frau ins Wanken bringen:

▷ *Sie ist stark, aktiv und kompetent.*
Hinter dem hebräischen Wort für „tüchtig" in Vers 10 steckt die Bedeutung von „Kraft, wie die eines Soldaten". Dieses Frauenportrait verwundert manche heutigen Christen; sie haben die falsche Vorstellung, eine Frau müsse schwach, passiv und überemotional, unselbständig und stets hilfsbedürftig sein. Aber die israelitische Frau war eine robuste Partnerin, die Verantwortung zu tragen verstand.

▷ *Sie hat das Sagen im Haushalt.*
Ihr Mann trägt die Verantwortung außerhalb des Haushaltes, sie innerhalb; eine klare Aufgabenteilung. Dabei steht sie einer großen Anzahl von Menschen vor.

▷ *Sie ist in wirtschaftlichen Aktivitäten engagiert.*
Sie führt nicht nur einen Großhaushalt, sondern ist Geschäftsfrau: Sie kauft und verkauft und investiert eigenständig das Geld, das sie erwirtschaftet hat.

▷ *Sie hat Erfolg in der Ehe und bei der Erziehung ihrer Kinder.*
Ihr Mann vertraut ihr und ist stolz auf sie – ich denke, das ist die Krönung. Nach seinen Worten hält sie jedem Vergleich stand und übertrifft alle. Das will etwas heißen! Wie haben die beiden es nur geschafft, miteinander so glücklich alt zu werden? Und wenn ihre erwachsenen Kinder auch noch für ihre Kindheit dankbar sind, muss sie trotz aller anderen Aktivitäten auch eine erfolgreiche Mutter gewesen sein.

Wie konnte sie das alles meistern? Man bekommt beim Lesen den Eindruck, dass es ihr sogar Spaß gemacht hat. Dabei bin ich mir sicher, dass sie auch Not und schwere Tage kennen gelernt hat und ihr nicht alles in den Schoß gefallen ist.

Nun gut, hier wird das Leben einer Großfamilie in der traditionellen Gesellschaft von Bauern und Handwerkern geschildert, das Welten von unserer modernen, technischen Kultur mit Kleinstfamilien entfernt ist. Wie soll sich eine Mutter mit zwei Kindern in einer engen Drei-Zimmer-Wohnung mit einem Balkon und drei Geranien im Blumenkasten damit identifizieren können?

Ich kann und will vergangene Zeiten nicht wieder hervorholen. Sie waren entbehrungsreich genug und ich würde nicht tauschen wollen. Eins sehe ich jedoch: Frauen haben über alle Jahrhunderte viel Verantwortung getragen. Das Klischee „Kinder, Küche, Kirche" hat keinen biblischen Ursprung, sondern entspringt der gesellschaftlichen Tradition des mittleren und gehobenen Bürgertums in der Zeit der Industrialisierung im 18. Jahrhundert; es hat die Frau isoliert und abhängig gehalten. Unter Bauern und Arbeitern mussten damals wie heute alle Familienmitglieder hart arbeiten.

Die Bibel sieht die Aufgaben einer Frau anders als diese Tradition, und das erleichtert mich. Wenn ich den Text auf die heutige Zeit übertragen soll, möchte ich mich an der Haltung dieser Frau orientieren. Wie hätte sie sich in einer anderen Kultur gegeben, sagen wir einmal, in unserer?

Sie muss eine außergewöhnliche Persönlichkeit gewesen sein – eben eine Frau mit Ausstrahlung!

Sie hatte Vorsätze gefasst und traf Entscheidungen – offensichtlich schon als junge Frau – und hielt sie ein Leben lang durch. Wenn du den Text jetzt noch einmal durchgehst, springen sie dir regelrecht in die Augen:

▷ Sie hat sich entschieden, ihrem Mann Gutes zu tun und ihm niemals Leid zuzufügen.
▷ Sie hat sich entschlossen, ihre Arbeit freudig zu verrichten und dabei diszipliniert zu sein.
▷ Zu ihren Vorsätzen gehört, in ihrem Kompetenzbereich erfolgreich zu sein und alle Chancen zu nutzen.
▷ Gleichzeitig will sie aber auch stets eine offene Hand für Bedürftige und Arme haben.
▷ Ihr Vorsatz ist, ihre Kinder nicht zu vernachlässigen und weise und freundlich zu reagieren.
▷ Wie hart auch der Alltag sein mag, sie fasst den Entschluss, „dem nächsten Tag unbekümmert entgegenzulachen".

Lebenswichtige Entscheidungen

Du wirst in deinem Leben schon viele Vorsätze gefasst haben und auch heute und in Zukunft noch viele Entscheidungen treffen müssen. Der erfolgreiche Verlauf deines Lebens hängt auch von der Qualität dieser Entschlüsse ab.

Willst du eine Frau mit Ausstrahlung sein, musst du mit Gottes Hilfe kluge Entscheidungen treffen!

Die Frau aus Sprüche 31 fasziniert mich. Vielleicht liegt es auch daran, dass ich etwas älter geworden bin und inzwischen einige meiner Ideale und Träume bei ihr wieder entdecke.

Wenn ich zurückschaue, besteht mein Leben aus vielen ähnlichen Entscheidungen. Auch ich habe mich entschieden, meinem Mann Gutes zu tun und ihm kein Leid zuzufügen – und das schon ganz am Anfang unserer Ehe. Auch ich habe mich entschlossen, meine Arbeit freudig zu tun und diszipliniert zu sein. Ich wollte mein Haus für bedürftige Menschen öffnen – in meinem Fall hauptsächlich für vernachlässigte und verlassene Kinder: So schwer es mir manchmal fiel, ich wollte immer zuversichtlich bleiben und der Zukunft lebensfroh entgegensehen...

Manchmal wage ich es gar nicht laut auszusprechen, aber die gleichen Früchte wie mein Vorbild aus der Bibel erlebe ich auch: Ein Großteil meiner Kinder ist inzwischen erwachsen, und von ihnen zu hören, dass sie stolz auf ihre Mutter sind, lässt die entbehrungsreichen Jahre und kummerdurchwachten Nächte gar nicht mehr so schlimm erscheinen. Und für meinen Mann kurz vor der Silberhochzeit immer noch die beste Ehefrau und Geliebte zu sein, das macht alle Opfer und Entbehrungen wieder wett ...

Vielleicht ist dir jetzt etwas wehmütig zu Mute oder vielleicht wirst du neidisch auf mich – aber bist du auch bereit, ähnlich kluge Vorsätze zu fassen wie die Frau aus Sprüche 31?

Ich möchte gern Sehnsüchte in dir wecken und dir Ideale vor Augen malen, nach denen du dann deine Entscheidungen treffen kannst. Dabei will ich ruhig aus meinem Leben plaudern, damit du genug Stoff zum Träumen bekommst ...

Die Berufung annehmen

Eberhard und ich, wir haben uns 1967 kennen gelernt. Wenn du diese Zeit vor Augen hast, weißt du, dass die Hippie-Bewegung mit der sexuellen Revolution gerade in voller Blüte stand und die Studentenunruhen begannen. Alle traditionellen Werte über Ehe und Familie wurden in Frage gestellt, neue Formen des Zusammenlebens ausprobiert: Landkommunen, offene Beziehungen, antiautoritäre Erziehung ...

Obwohl wir in einer guten, freikirchlichen Gemeinde aufgewachsen waren, hatten wir kaum etwas darüber gehört, wie man als Christ Ehe und Familie gestaltet. Wir mussten uns das selbst mühsam erarbeiten. Einerseits faszinierte uns die neue Freiheit – Eberhard sah mit seinen Röhrenhosen und schulterlangen Haaren echt alternativ aus –, andererseits spürten wir, dass dieser Lebensstil nicht der Weisheit letzter Schluss war.

Mit der typisch traditionellen Familienform wollten wir uns aber auch nicht identifizieren. So beschlossen wir, eine partnerschaftliche Ehe zu führen. Wir wollten alles gemeinsam machen. Als jungverheiratetes Ehepaar ohne Kinder ist das kein Problem. Eberhard studierte an der pädagogischen Hochschule, ich verdiente das Geld und nach meinem Feierabend ging das Leben erst richtig los. So empfand ich es jedenfalls.

Wir waren in unserer örtlichen Jugendgruppe aktiv, leiteten einen Hauskreis mit vielen jungen Leuten und mischten auch noch in einer christlichen Teestube mit. Der größte Hit war unsere christliche Rockband. Wir gehörten zu den Pionieren – Lautstärke war zu der Zeit noch wichtiger als Qualität – und waren mehrmals im Monat zu Straßeneinsätzen, Konzerten und Evangelisationen unterwegs; ich war als kritische Stimme im Hintergrund immer dabei. Wir liebten dieses abwechslungsreiche, quirlige Leben.

Hinzu kam Eberhards Spleen zum „Globetrotten". Er hat wirklich unstetes Blut in den Adern und musste in jeder freien Minute unterwegs sein. Mit unserem selbst ausgebauten Camper waren wir einmal am Nordkap, das nächste Mal in Marokko. Ich liebte es, mit Eberhard in den unendlichen Sternenhimmel zu schauen und von unserem gemeinsamen zukünftigen Leben zu träumen. Aber über allem stand das Verlangen, Gottes Plan für unser Leben zu erkennen und auszuführen.

Ziemlich schnell – so etwa nach einem Jahr – tauchte bei uns der Wunsch auf, ein Baby zu bekommen. Als ich dann schwanger war und mein Bauch sichtlich wuchs, wurde mir doch etwas mulmig. „Was kommt jetzt auf mich zu?", habe ich mich gefragt. „Herr, muss ich jetzt alles aufgeben: meine ganze Freiheit, das Reisen, die evangelistischen Einsätze? Soll ich jetzt wie eine typische Mutti immer zu Hause hocken – nur wegen eines Kindes? Das lohnt sich doch gar nicht!"

So habe ich damals gebetet; ich ahnte nicht, dass Gott mein Gebet prompt erhören würde. Zu Beginn des Mutterschutzes nahmen wir zwei kleine Mädchen auf, die in einem Rehabilitationszentrum abgesetzt worden waren. Da hatte ich innerhalb weniger Wochen schon einmal drei Kinder!

„So", klang es in meinem Herzen, „jetzt mag es sich vielleicht lohnen."[13]

Bei den dreien blieb es nicht. Innerhalb eines guten Jahres brachten wir es auf die stattliche Zahl von sechs Kindern, das älteste vier Jahre, das jüngste wenige Monate – und ich ganze einundzwanzig Jahre alt!

Als Büroangestellte ohne viel Ahnung von Kindern musste ich nicht nur lernen, einen Haushalt zu führen, sondern auch noch durch alle ideologischen Irrgärten hindurch zu meiner Berufung als Frau und Mutter finden.

„Obwohl ich wusste, dass mir diese Aufgabe direkt von Gott in den Schoß gelegt worden war, und ich auch meinte, meine Berufung als Mutter angenommen zu haben, wuchs in meinem Herzen – bedingt durch das Denken meiner Zeit – doch eine Eifersucht auf Eberhard."

Ich weiß nicht, ob du das auch kennst. Da sitzt du nun schon den dritten Abend hintereinander allein zu Hause, weil dein Mann mal wieder zur Bibelstunde, zur Vorstandssitzung oder bis Mitternacht zu einem seelsorgerlichen Gespräch unterwegs ist, und missmutige Gedanken ergreifen dich: „Jetzt hocke ich schon wieder allein bei den Kindern. Und Eberhard? Der genießt den Duft der großen weiten Welt. Ich will auch etwas vom Leben haben!"

Ich war mächtig erschrocken, als ich merkte, dass ich diese Gedanken nicht einfach abschütteln konnte, sondern sie sich in mir festfraßen. Das wollte ich nicht zulassen. Ich hatte Eberhard doch von Herzen lieb und die Kinder genauso.

Als ich meine Not im Gebet zu Gott brachte, empfing ich zunächst nicht etwa Trost. Der Heilige Geist nannte mir die Wahrheit: „Claudia, so, wie du denkst, das ist schlicht und einfach Sünde. Pass auf dich auf, lass in deinem Herzen keine Bitterkeit zu."

Dies erschütterte mich sehr, ich ging auf die Knie und tat von Herzen Buße: „Jesus, bitte vergib mir meine verkehrte Haltung, meine Eifersucht und meine Bitterkeit! Ich will meine Berufung als Frau von ganzem Herzen annehmen. Hilf mir!"

Danach erlebte ich, wie Jesus mich tröstete. Tiefer Friede ergriff mich und Freude über meine Aufgaben. Vor allem gab mir Gott eines ins Herz: „Claudia, du brauchst überhaupt nicht mit Männern – mit deinem Mann – zu konkurrieren. Ich habe Aufgaben für dich, die nur du als Frau erfüllen kannst, kein Mann könnte das so gut."

Dieser Gedanke hat mich ungemein aufgerichtet, denn wie so viele andere junge Frauen hatte ich Probleme, mich mit meinem weiblichen Geschlecht zu identifizieren. In mir brach eine Sehnsucht und eine Ahnung auf, wie befreiend es sein muss, seine Berufung als Mutter anzunehmen und mit Freuden Frau zu sein. Ein weites Lernfeld tat sich vor mir auf und ich freute mich auf das, was Gott mir alles zeigen würde.

Eberhard erzählte ich zunächst einmal nichts von diesem Abend. Offen gesagt, mir war es zu peinlich. Aber mit Jesu Hilfe nahm ich mir etwas vor: Ich wollte meine vermeintlichen „Rechte" aufgeben und meinem Mann und meinen Kindern wirklich dienen, ganz gleich, wie sie darauf reagieren würden. Ich wollte meinen Teil tun, damit Gott an mir und meiner Familie wirken konnte.

Auf Grund der großen Familie hatte Eberhard schon immer viel mitgeholfen: einkaufen, in der Küche Ordnung schaffen, Babys wickeln, Kinder ins Bett bringen. Aber mit der Zeit hatte ich das nicht mehr als Hilfe angesehen, sondern als Selbstverständlichkeit. Und nicht nur das, ich fing an, Forderungen zu stellen und an ihm herumzunörgeln. Aber damit sollte jetzt Schluss sein!

Einige Wochen verstrichen. Erstaunt stellte ich fest, wie ich anders wurde. Die Hausarbeit ging besser von der Hand und die Kinder nervten mich nicht mehr so sehr. Vor allem war ich freundlicher und geduldiger. Und was Eberhard betraf, es machte mir Freude, ihm Gutes zu tun, ohne gleich etwas dafür zu erwarten.

Für mich war dieses Kapitel „Berufung annehmen" lebensentscheidend und ich bin fest davon überzeugt, dass nur der Mensch, der lernt, seine Berufung – die Situation, in die Gott ihn hineingestellt hat – von ganzem Herzen anzunehmen, letztlich ein erfülltes Leben führen kann. Ansonsten werden ständig Gefühle der Unzufriedenheit, der Minderwertigkeit, der Bitterkeit oder gar der Eifersucht in ihm rumoren. Und wie viele Frauen schlagen sich damit herum...!

„Gutes tun und kein Leid zufügen ..."

„Es gibt Aufgaben für dich, die nur du als Frau erfüllen kannst, kein Mann könnte das so gut..."

Dieser Satz klang mir in den Ohren und machte mich neugierig. Ich wollte das werden, was ich heute unter einer „Frau mit Ausstrahlung" verstehe. Damals gab es noch nicht viel Literatur darüber, aber es gab die Bibel.

Natürlich stieß ich beim Lesen auf die supertüchtige Frau in Sprüche 31 und ihr Lebensmotto packte mich: „Ihr Leben lang tut sie ihm Gutes, niemals fügt sie ihm Leid zu" (Vers 12, Hfa).

Zugegeben, mit dem Begriff „Unterordnung", den ich im Epheserbrief fand, konnte ich nicht so viel anfangen. Geprägt durch das Denken meiner Zeit kam in mir sehr viel Abneigung hoch. Aber dieser Satz im Alten Testament rührte etwas in mir an und ich ahnte, dass er die Lösung für viele Beziehungsprobleme in sich birgt. Übrigens, er drückt genau das Gleiche aus wie der Epheserbrief, nur mit anderen Worten.

„Gutes tun" fängt mit denken an! Wenn du über deinen Partner nichts Gutes denken kannst, wirst du kaum dazu kommen, ihm Gutes zu tun. Zuerst habe ich für Eberhard gebetet, mir seine Vorzüge vor Augen gemalt und Gott gebeten, mir zu helfen, seine Bedürfnisse zu erkennen. Dann merkte ich, wie schwer es fällt, Gutes zu tun, ohne aufzurechnen oder eine Gegenleistung zu erwarten. Der Widerwillen, den die meisten empfinden, ist nämlich die Befürchtung, ausgenutzt zu werden.

Aber das ist das Risiko selbstloser Hingabe! Deine Haltung zeigt dir, ob du es tust, um anerkannt zu werden oder um des anderen willen.

Fang einfach an, deinem Mann Gutes zu tun – ohne aufzurechnen und ohne etwas Besonderes zu erwarten. Die Antwort „Das bringt nichts, der lässt sich nur verwöhnen!" will ich zunächst einmal nicht gelten lassen, denn gleichzeitig kannst du beten, dass Gott an seinem Herzen arbeitet. Das halte einige Monate lang durch!

Das Problem vieler Frauen ist der unterschwellige Druck, den sie auf ihre Männer ausüben. Sie sagen zwar nichts, aber ihr vorwurfsvoller Blick signalisiert: „Du könntest ruhig einmal anfassen. Siehst du nicht, was ich alles zu tun habe ...!" Manche Frauen, die früher ausgenutzt worden sind, reagieren aus dieser Verletzung heraus unbewusst ständig fordernd.

Erst nach gründlichem Nachdenken gestand ich mir ehrlich ein, dass ich versuchte, Eberhard haargenau auf diese Weise zu manipulieren.

Die meisten Männer mögen das nicht! Einigen muss man zugute halten, dass sie diese Signale nicht deuten können und sich wundern, warum ihre Frau schon wieder so zickig ist.

Du hast zwei Möglichkeiten: Warte einen guten Moment ab und sprich die Sache offen und klar an. Sag, worin du dich benachteiligst fühlst und was du dir wünschst. Manche Männer sind dankbar dafür und nehmen künftig Rücksicht. Oder du bringst dein gesamtes Defizit zu Jesus und beginnst, deinem Mann zu dienen.

So habe ich es damals als richtig angesehen. Ich nahm mir vor, meinen Mund zu halten, Gutes über Eberhard zu denken und meinen Teil willig zu tun. Wenn ich ihm etwas abnehmen oder erleichtern konnte, tat ich es. Nach einer Weile kamen Zweifel hoch, ich meinte schon: „Der merkt das ja gar nicht." Aber dann begann Gott, während seiner Gebetszeiten an ihm zu arbeiten.

„Was bin ich doch für ein selbstgefälliger Klotz", ging es ihm durch den Kopf, „trotz der vielen Kinder meine ich, mein Leben wie gewohnt weiterführen zu können, und Claudia müht sich mit ihnen ab..."

Was ich vergeblich versucht hatte, ihm durch Schmollen, Sticheleien und Andeutungen klarzumachen, brachte ihm der Heilige Geist einfach in einer Gebetszeit bei!

Was für eine Sternstunde, als Eberhard sich aufrichtig für seine Trotteligkeit entschuldigte und tatsächlich fragte: „Claudia, worin fühlst du dich überfordert? Was kann ich dir abnehmen?"

Als wenn ich ihm das nicht schon oft genug vorgejammert hätte! Aber wir Frauen haben wohl manchmal eine Art, bei der Männer einfach nicht hinhören...

Jedenfalls sagte ich ihm, dass mir der ganze Finanzkram zuwider sei. Die Geldverwaltung war automatisch an mir hängen geblieben, nur weil ich während meiner Ausbildung Buchführung gelernt hatte. Jetzt übernahm Eberhard diesen Bereich und machte es viel besser als ich, was ich neidlos anerkenne.

Und dann die Schule! Das wurde mir langsam zu viel. Ständig Elternabende, Gespräche mit Lehrern, Schulaufgaben... Und das bei immer mehr Schulkindern! Dabei kannte sich Eberhard in diesem Bereich aus, er war schließlich Lehrer. So einigten wir uns, dass ich für die Grundschüler verantwortlich bin und Eberhard für die Kinder ab der 5. Klasse. Damals hatte ich mehr Arbeit, heute hat er mehr.

Das Dritte, was wir uns teilten, war der Garten. Blumen und Büsche, das ging ja, aber die Gemüseecke! Mit der kam ich einfach nicht klar. Ich konnte mich glücklich schätzen, wenn ich aus einem Riesenbeet zwei kümmerliche Möhren erntete. Und dann dieses blöde Unkraut; es wuchs schneller, als ich es rupfen konnte. Jetzt übernahm Eberhard mit Hilfe der Kinder den Gemüsegarten, ich den Ziergarten. Wie er es anpackte? Er kaufte sich erst mal einen Stapel Bücher... Typisch mein Mann – lesen ist ja nicht so anstrengend! Das Ergebnis überraschte mich trotzdem: Er legte einen tipptopp Bio-Garten an, so dass ich kaum nachkam, die Erträge zu verarbeiten. Alle Achtung!

Diese Arbeitsteilung hat sich über zwanzig Jahre bis heute gehalten. Ich würde niemals tauschen wollen – Eberhard übrigens auch nicht.

„Du übertriffst alle ..."

Allgemein heißt es, dass Frauen mehr Wert auf eine harmonische Partnerbeziehung legen und eher bereit sind, an Beziehungen zu arbeiten. Männer seien genügsamer, wären nicht so mitteilsam, hätten weniger emotionale Bedürfnisse. Ihr Beruf wäre ihnen ohnehin wichtiger als ihre Familie.

Das glaube ich alles nicht so ganz. Manche Männer haben keine leichte Kindheit gehabt, haben gelernt, ihre Gefühle zu verbergen – und haben keine Ahnung, wie ein harmonisches Familienleben gestaltet werden könnte.

Sind Frauen denn ohne Makel? Es ist Mode geworden, auf den „unfähigen" Männern herumzuhacken. Frauen wissen heute viel sicherer, was sie wollen, und können es auch artikulieren. Manche wünschen sich perfekte Liebhaber und perfekte Männer – ohne ihnen jedoch die Möglichkeit einzuräumen, sich zu entwickeln. Diesen Erwartungen gerecht zu werden, gelingt den wenigsten Männern. Gib deinem eine Chance!

Ich weiß, dass es die unverbesserlichen Männer gibt, die sich als Nabel der Welt betrachten und nicht bereit sind, sich zu ändern. Da gibt es keine leichten Ratschläge. Wenn du mit so einem Mann zusammenlebst – oder wenn du allein erziehend bist –, will ich dich mit den folgenden Gedanken nicht noch mehr unter Druck bringen. Überblättere dann einfach die nächsten Seiten und lies im folgenden Kapitel weiter.

Ansonsten will ich nicht weiter über Männer sprechen – schließlich ist dies ja ein Frauenbuch –, sondern über dich und wie du vielleicht Änderungen bewirken kannst.

„Du übertriffst alle ..." So ein aufrichtiges Kompliment auch nach vielen Ehejahren vom eigenen Ehemann zu hören, gehört zum Schönsten, was einem begegnen kann.

Aber diesen Ruf zu behalten, fordert auch einiges von dir. Dein Mann wird häufig mit netten, attraktiven Damen zusammentreffen, die aufmerksame Gesprächspartnerinnen sind und es vielleicht sogar auf einen Flirt anlegen.

Wie wirkst du im Vergleich mit ihnen? Hausbacken, langweilig und gar nicht mehr aufregend...?

Kann dein Mann, wenn er durch die Straßen geht und nach links und rechts schaut, zufrieden murmeln: „Was soll's. Sie ist nach wie vor die Beste!"? Immerhin warst du es, als er dich heiraten wollte, stimmt's?

Einer „Frau mit Ausstrahlung" kann es gelingen, ein Leben lang für ihren eigenen Ehemann interessant und begehrenswert zu bleiben. Damit wir uns richtig verstehen: Ich meine nicht allein Schönheit und Sexappeal – beides wird vergehen –, sondern deine Gesamtpersönlichkeit.

Männer sind verschieden und haben unterschiedliche Bedürfnisse. Was sie aber alle brauchen, ist eine Frau, mit der sie sich gut unterhalten können, auch über ihren Beruf, eine Freundin, mit der sie etwas unternehmen und den Alltag vergessen können, eine Liebhaberin, mit der Sexualität so viel Freude macht, dass Versuchungen von außen überwunden werden können – und das alles soll er in dir finden. Aber wie soll man eine inspirierende Gesprächspartnerin bleiben und nach einem chaotischen Tag, an dem einem ständig kleine Kinder um die Beine wuseln und man ohnehin nicht weiß, wo einem der Kopf steht, noch romantische und sexuelle Gefühle bekommen?

Vielleicht fragst du dich sowieso, wie wir unser Eheleben bei der großen Kinderzahl überhaupt aufrechterhalten konnten. Wir waren immerhin erst zwei Jahre verheiratet, als wir die ersten sechs bekamen – also noch sehr jung und in der ehelichen Anpassungszeit.

Aber wir hatten gute Startchancen: Die zwei ersten Ehejahre konnten wir echt genießen, weil wir alles zusammen unternahmen. Wir wurden von der Geburt des ersten Kindes nicht „überrascht", sondern hatten es uns gewünscht und waren darauf vorbereitet. Damit, dass dann so viel Arbeit auf uns zukommen würde, hatten wir allerdings nicht gerechnet. Diese Umstellung mussten wir erst mal unter die Füße bekommen.

Nun hatten wir aber auch schon vorher die Augen aufgemacht und beobachtet, wie andere junge Eltern in ihrer Ehe kämpften, weil sie den Kleinkinderalltag schlecht in den Griff bekamen. Manche gifteten sich an; alles drehte sich um den kleinen Schreihals und die Eltern waren zu nichts mehr zu gebrauchen.

Wenn wir uns darüber unterhielten, beschwor Eberhard mich regelrecht: „Claudia, so etwas darf uns niemals passieren. Unsere Beziehung darf nicht unter Kindersorgen leiden. Die Kinder werden alle groß und selbständig und verlassen uns eines Tages, aber mit dir will ich glücklich alt werden. Lass uns nicht die Fehler anderer wiederholen, sondern von vornherein unsere Zweierbeziehung genügend pflegen!"

Das habe ich mir zu Herzen genommen und immer daran festgehalten, auch wenn es mir zwischendurch sehr schwer fiel. Ich wollte, dass Eberhard sich immer mit Überzeugung sagen kann: „Claudia übertrifft alle ...!" Trotz unablässigem Kinderkram wollte ich vielseitig und interessant bleiben. Ich musste etwas für mich tun, wenn ich eine ebenbürtige Gesprächspartnerin bleiben und nicht nur das wiederkäuen wollte, womit er sich beschäftigte. Man braucht eine Portion Eigenständigkeit, um ein anregender Partner zu bleiben.

So anstrengend die Jahre auch waren, in denen Eberhard fast jedes Wochenende allein zu Vorträgen unterwegs war, sie hatten auch etwas Gutes: Ich war häufig allein und musste meine freien Abende selbst gestalten. Ich lud Freundinnen ein, machte ausgiebig „Stille Zeit", nähte, bastelte oder las. Wenn Eberhard dann endlich wieder da war, hatten wir uns wirklich etwas zu erzählen, und auch die sexuelle Sehnsucht war wieder da. Wenn man ständig aufeinander hockt, gehen diese Anreize leicht verloren.

Deshalb tut mancher Mutter eine Teilzeitbeschäftigung gut. Sie kommt aus dem Haus, geht unter Menschen, schnappt Anregungen und Ideen auf. Diese Auffrischung kann sich eine Vollzeit-Mutter genauso verschaffen; sie muss sich nur etwas einfallen lassen. Ideen habe ich in diesem Buch schon genügend geliefert.

Drehe dich in deinen Gedanken also nicht nur um die Kinder. Bei aller Liebe zu seiner Familie muss es für einen Mann ermüdend sein, wenn die Gespräche mit seiner Frau nicht über Kindersorgen, Reparaturen, Anschaffungen und darüber, was Frau Meier nebenan über Frau Müller gesagt hat, hinausgehen ...

Zeige Interesse an seinen beruflichen Fragen, bleibe politisch auf dem Laufenden, sprecht über geistliche Themen und bilde dich weiter.

Was könnt ihr beide unternehmen, um Abwechslung zu haben und euch zu entspannen? Eberhard ist von uns beiden der Aktivere. Mir reicht es manchmal, die Beine auszustrecken, zu schmökern oder nichts zu tun, aber ihn zuckt es richtig in den Gliedern. Dann lockt er mich abends noch aufs Fahrrad und schließlich bin ich doch froh, mich aufgerappelt zu haben. Oder wir bummeln Hand in Hand und setzen uns abschließend in ein gemütliches Restaurant. Bei uns gibt es so einen netten „Chinesen" und einen freundlichen „Türken", die kennen uns schon gut und schauen uns nicht schräg an, wenn wir uns eine Portion teilen. Uns geht es schließlich nicht darum, uns den Magen voll zu schlagen, sondern um die Abwechslung und die Atmosphäre. Wenn wir uns bei Kerzenschein gegenübersitzen und dabei plaudern oder schweigen, sind wir alte Freunde und können den Alltag und die Kinder blitzschnell vergessen.

Auch ein „Ultra-Kurz-Urlaub" kann enorm entspannen. Dazu braucht man liebe Großeltern oder gute Freunde, damit die Kinder versorgt sind. Manchmal sind wir am frühen Abend mit unserem alten Wohnwagen losgefahren und waren am nächsten Tag zum Mittagessen wieder zurück. Abends wurden die Kinder von Freunden betreut, die auch bei uns übernachteten, und am Vormittag waren sie ohnehin in der Schule oder im Kindergarten. Sie merkten kaum, dass wir weg waren, aber wir haben es genossen.

Andere Paare treiben gemeinsam Sport, musizieren, basteln, gehen ins Kino oder Konzert. Es müsste doch etwas geben, woran ihr beide Gefallen findet und was gleichzeitig eure Freundschaft vertieft!

Erschöpfte Mütter und Sexualität – das passt nicht zusammen, aber Mütter sind nun mal oft erschöpft. Viele kennen Phasen, in denen sie überhaupt keine Lust zum Sex haben – ich manchmal auch. Und wenn es dann doch wieder geklappt hat, bist du ganz glücklich und aufgeräumt.

Ein wesentlicher Unterschied zwischen Mann und Frau bezüglich der Sexualität ist offensichtlich, dass er Geschlechtsverkehr haben kann, um sich dabei zu entspannen, während sie entspannt sein muss, um etwas davon zu haben; nicht immer, aber meistens. Ein Mann kann fürchterlich enttäuscht und fertig sein – aber sich dann in den Armen seiner verständnisvollen Frau verkriechen, schmusen, streicheln und einen Orgasmus bekommen – das entspannt. Als Frau könnte man fast neidisch werden, wie schnell er umdenken kann. Gönne es ihm, selbst wenn du manchmal wenig davon hast.

Aber dann sieh zu, dass auch du auf deine Kosten kommst. Weiß dein Mann, was du dir wirklich wünschst und was du empfindest? Aber wie soll er es wissen, wenn du mit ihm nicht darüber redest? Wir Frauen sind komplizierte Typen: Manchmal verstehen wir uns selbst nicht, erwarten es aber von unseren Männern.

Erkläre ihm, warum du manchmal keine Lust hast und was dir schwer fällt. Ein Mann kann die Zurückhaltung seiner Frau sonst leicht als Ablehnung empfinden und dieses Missverständnis belastet eine Beziehung. Aber wenn er weiß, wie dir zu Mute ist, kann er dir besser beistehen.

Ich denke, abschalten zu können und nicht gestört zu werden, ist für eine Frau ganz wichtig. Richtet das Schlafzimmer als euer eigenes Reich ganz schnuckelig ein und schließt hinter euch ab, um kindliche Nachtschwärmer zu bremsen. Und dann sorge dafür, dass du rechtzeitig abschalten kannst; dabei muss jede Frau ihre eigenen Tricks entwickeln. Der einen reicht es schon, wenn sie sich in der Badewanne entspannen und sich pflegen kann, während ihr Mann sich am Feierabend um die Kinder kümmert. Oder ganz gemütlich bei Kerzenschein und Musik miteinander essen und plaudern und dabei neue Unterwäsche ganz „unverbindlich" reizvoll glitzern lassen – das kann nicht nur deinen Mann anregen, sondern auch dich. Reißt doch einfach von Zeit zu Zeit einmal eine Nacht aus, dann bleibt ihr bestimmt ungestört. Lasst eure Freunde mit ihren Kindern übers Wochenende in eure Wohnung ziehen – ihr macht deren Wohnung unsicher – und ein andermal halt umgekehrt.

Sexualität in der Ehe ist etwas ganz Persönliches, soll Spaß machen, entspannen und die Partner noch näher zusammenführen. Es wäre schade, wenn euch dieser Lebensbereich zusätzlich belasten würde.

Eine Mutter, an die man gern zurückdenkt

„Es treten ihre Söhne auf und preisen sie glücklich ...", so heißt es von der Frau aus Sprüche 31.

Wie sollen deine Kinder dich im Gedächtnis behalten? Wie werden sie über dich denken, wenn sie aus dem Haus gegangen sind?

Schon zu Beginn unseres Familienlebens, als ich von der Verantwortung für sechs kleine Kinder regelrecht überrannt wurde und manchmal nicht wusste, wo mir der Kopf stand, formulierte ich in meinem Herzen einen Wunsch: „Meine Kinder sollen so wenig wie möglich unter meinen eigenen Macken und Unzulänglichkeiten leiden. Was mich betrifft, sollen sie eine problemlose Kindheit erleben. Von anderen werden sie noch genug auf den Deckel bekommen." Aber wie schafft man das?

Vor einigen Jahren war ich mit Eberhard auf einem großen Mitarbeiter-Kongress. In einem Seminar ging es um die Beziehung zum eigenen Elternhaus. Allen, die noch Verletzungen von ihren Vätern oder Müttern in sich trugen oder andere Verlusterfahrungen in ihrer Familie erlitten hatten, wurde zum Abschluss des Vortrags Gebet angeboten. Zu Tausenden strömten die Menschen nach vorn, viele davon sicherlich selbst schon wieder junge Eltern.

Ich stand betroffen und mit Tränen in den Augen auf der Empore und konnte es nicht fassen: „Wie kommt es nur, dass Familienmitglieder sich so viel Schmerz zufügen?" Eberhard beugte sich zu mir herüber und flüsterte: „Da steht die nächste Generation und will Heilung von Gott. Werden sie es schaffen, ihren Kindern weniger Leid zuzufügen, als ihre Eltern es taten?"

Viele junge Paare träumen von einer Familienidylle; gerade die, die von ihren Eltern enttäuscht worden sind, wollen alles anders und besser machen – und schaffen es doch nicht! Ihre Vergangenheit holt sie ein!

Vielleicht hast du gehasst, wie deine Mutter dich angebrüllt hat, wenn du dich mal ungeschickt angestellt hast. Aber was tust du, wenn du mit den Nerven fertig bist? Genau das Gleiche? – Oder du hast ihre zynischen Bemerkungen gefürchtet oder die Art, wie sie deinen kleinen Bruder vorgezogen hat – und jetzt fasst du dir an den Kopf und musst dir eingestehen: „Ich bin wie meine Mutter!"

Eltern sind machtvolle Vorbilder für ihre Kinder. Deine waren es für dich und du wirst es wieder für deine Kinder sein. Forschungsergebnisse weisen darauf hin, dass du in Stress-Situationen wahrscheinlich spontan so reagieren wirst, wie du es bei deinen Eltern erlebt hast – ob du nun mit ihrem Verhalten einverstanden bist oder nicht. Das trifft umso stärker zu, je weniger du dich mit deiner Familienvergangenheit auseinander gesetzt hast.

Wie kannst du aus diesem Teufelskreis herauskommen?

Auch wenn es wehtut: Es ist wichtig, dass du deine eigenen Erfahrungen aufarbeitest, die du als Kind in deiner Ursprungsfamilie gemacht hast. Mache dir klar, wie du aufgewachsen bist. Idealisierst du deine Kindheit vielleicht? Verdrängst du bestimmte Erfahrungen? Oder lebst du immer noch in Rebellion gegen deine Eltern?

Es geht nicht darum, die Fehler deiner Eltern anzuprangern – alle Eltern machen Fehler, das hast du bei dir auch schon gemerkt –, sondern darum, von der Vergangenheit frei zu werden und aus ihr zu lernen.

Ohne diesen Prozess ist eine dauerhafte Verhaltensänderung

kaum möglich. Aber es reicht nicht aus, sich die Fehler der Vergangenheit vor Augen zu malen und sich vorzunehmen, sie nicht zu wiederholen. Gott erwartet von dir, dass du deinen Eltern vergibst. Vergebung ist der Schlüssel zu Heilung, Befreiung und innerem Frieden. Auch wenn es dir schwer fällt oder nahezu unmöglich erscheint: Tu es! Vielleicht solltest du dazu Gebetsbeistand und seelsorgerliche Beratung suchen. Danach wird es dir leichter fallen, mit Gottes Hilfe Schritt für Schritt verletzende Verhaltensweisen abzulegen, um deinen Kindern endlich die Mutter zu sein, die du schon immer sein wolltest.

Ich wünsche mir, dass meine Kinder gern an mich als Mutter zurückdenken, eigenständige Persönlichkeiten werden und ihre Kindheitserfahrungen getrost auf ihre eigene Familie übertragen können.

Dazu sind mir im Laufe der Jahre folgende Vorsätze (zum Teil dadurch, dass ich negative Beispiele beobachte) wichtig geworden:

▷ Ich will die Würde meiner Kinder achten und sie alle gleich lieb haben.
▷ Ich will nicht nachtragend sein.
▷ Ich will kein Kind aus übertriebener Mutterliebe an mich binden und damit unselbständig halten.
▷ Ich will mich nicht in das Leben meiner erwachsenen Kinder einmischen, aber – wenn sie wollen – als Beraterin für sie da sein.
▷ Meine Kinder sollen auf mich und meinen Lebensstil stolz sein können.

Die Würde achten. Es stieß mich schon als Teenager ab, wenn ich Eltern begegnete, die meine Schulkameradinnen anbrüllten oder lieblos behandelten. Von zu Hause kannte ich das kaum. Damals nahm ich mir vor: Wenn ich einmal Kinder habe, werde ich ihre Würde achten.

Natürlich bin ich bei meinen Kindern auch „ausgerastet" – leider! –, aber mit meinem festen Vorsatz und Gottes Hilfe habe ich gelernt, meine Reaktionen nach wenigen Familienjahren in den Griff zu bekommen. Der Gedanke, dass Kinder Geschöpfe Gottes und eine Gabe an mich sind und dass ich ihnen dementsprechend begegnen muss, hat mir sehr dabei geholfen. Wie kann ich ein Geschöpf Gottes anschreien oder verachten? Ich betete, meine Kinder mit Gottes Augen sehen zu können. Das hat mich davor bewahrt, sie zu missachten oder würdelos zu behandeln.

Interessanterweise beobachte ich, wie meine Kinder ähnlich befremdet reagieren wie ich, wenn sie unbeherrschten Erwachsenen begegnen. Ein Kind sehnt sich danach, geachtet zu werden, anstatt einem Wechselbad mütterlicher Gefühle von überschwänglicher Liebe bis zu kalter Ablehnung ausgesetzt zu sein.

Ich will alle meine Kinder gleichermaßen lieb haben und schätzen. Keins soll in dem Bewusstsein aufwachsen: „Mama mag mich nicht so sehr, sie zieht andere vor." So ein Kind wird garantiert nicht mit den wärmsten Gefühlen an seine Mutter zurückdenken.

Es kommt leider vor, dass man für ein Kind manchmal mehr empfindet als für ein anderes; manches macht es seinen Eltern durch seine Art nicht gerade leicht, es warmherzig anzunehmen. Aber muss man dem Kind das auch noch unter die Nase reiben?

Meine Kinder sind in ihrer Art und Begabung sehr unterschiedlich. Hinzu kommt die Herausforderung, unseren angenommenen Kindern den gleichen Platz im Herzen einzuräumen wie den leiblichen. Wie ich das geschafft habe?

Das ist selbst in meinen Augen ein Wunder! Wieder war es mein fester Vorsatz und mein Gebet. Ich akzeptierte von vornherein, dass jedes Kind anders ist und dass ich sie nicht miteinander vergleichen darf. So ein negatives Vergleichen macht unzufrieden und setzt Kinder unter Druck. Ich malte mir die Vorzüge und Einzigartigkeit jedes Kindes vor Augen und betete, Gottes Plan für jedes einzelne zu erkennen und es darin zu fördern.

Nicht nachtragend sein. Zum Wachsen und Reifen gehört, dass man Fehler machen darf. Ich will keine Mutter sein, die ihre Kinder unter Druck setzt, die nörgelt, kritisiert und nachtragend ist. So sollen sie mich nicht im Gedächtnis behalten!

Hat jemand etwas angestellt und wieder bereinigt, soll die Sache nicht mehr auf den Tisch kommen. Für ein sensibles Kind ist es furchtbar, wenn die Eltern auch hinterher noch dicke Luft verbreiten. Bei kleineren Kindern war es für mich nie ein großes Problem, zu vergeben und zu vergessen. Aber Teenager können einen viel stärker aus der Fassung bringen und verletzen. Nur gut, dass ich mich dann jedes Mal bei Eberhard ausquatschen und ausheulen konnte und erleben durfte, wie durch Gebet wieder Frieden und Heilung kam.

Keine übertriebene Mutterliebe. Ich bin mir bewusst, dass ich bei dreizehn Kindern nicht so schnell in Gefahr gerate, sie in überschwänglicher Mutterliebe zu ertränken und unselbständig zu halten, wie es vielleicht bei einer Mutter mit ein oder zwei Kindern der Fall ist. Mal sehen, wie ich mich mache, wenn alle bis auf die zwei Jüngsten aus dem Haus sind!(Achtung, das ist jetzt wohl der Fall und muss beachtet werden!)

Kinder brauchen Liebe und Geborgenheit, aber auch Freiheit und die Achtung ihrer Privatsphäre. Hier das Gleichgewicht zu halten, ist nicht leicht.

Es gehört zu meinen Vorsätzen, subjektive, unbegründete Ängste oder Probleme nicht auf das Kind zu projizieren. Das muss ich schon mit mir allein ausmachen oder es in die Seelsorge bringen. Ich will meine Liebe auch nicht aufdrängen oder ständig „in der Seele bohren": Wenn ein Kind nicht schmusen oder erzählen will, muss ich das akzeptieren. Liebe und Offenheit basieren immer auf Freiwilligkeit!

Außerdem will ich mich nicht ungefragt in das „Privatleben" meiner Kinder einmischen, das heißt, unerlaubt in ihren Taschen, Schubladen und Schränken kramen oder hinter ihnen herschnüffeln. Gerade, wenn man sich Sorgen macht, kann dies zu einer großen Versuchung werden, und ich weiß, dass viele Mütter ihr erliegen. Aber in der Beziehung zu einem Teenager kann das verheerende Folgen haben. Bekommt er nämlich mit, dass du in seinem Tagebuch blätterst oder in den ersten, heimlichen Liebesbriefen schmökerst, kann ein riesiger Vertrauensbruch die Folge sein.

Übertriebene Fürsorge hält Kinder unselbständig. Wenn du deinem Siebzehnjährigen immer noch die Schulbrote schmierst und ihm die Wäsche rauslegst, die er anziehen soll, kann es Gedankenlosigkeit sein, aber auch eine heimliche Waffe, um sich „unentbehrlich" zu machen und das geliebte Kind möglichst lange an sich zu binden.

Mir ist schmerzlich bewusst, dass ich mich mit meiner Erziehung „arbeitslos" machen muss. Alle Kinder sollen ihr Leben einmal selbständig und eigenständig gestalten. Denke nicht, dass dies allen Kindern gefällt! Manche würden sich gern noch mit Mitte zwanzig im „Hotel Mama" verwöhnen lassen. Aber ist das richtig? Sorge dafür, dass sie flügge werden!

Deswegen achte ich darauf, dass alle im Haushalt helfen, ihre Zimmer selbst in Ordnung halten und ihren Kleinkram selbst erledigen – nicht nur die Mädchen, auch die Jungen!

Nicht zu sehr einmischen. Eins habe ich an meinen Eltern sehr geschätzt: Als Eberhard und ich heiraten wollten, haben sie uns wirklich freigegeben. Sie sagten zwar, dass sie den Zeitpunkt zu früh fänden, weil Eberhard noch studierte, und dass sie uns finanziell nicht durchfüttern würden – aber dann haben sie uns in Ruhe gelassen und nur etwas gesagt, wenn wir sie gefragt haben.

Erst später bekamen wir mit, wie stark andere Eltern sich in junge Ehen einmischen, wie aus „wohlmeinenden" Finanzspritzen verpflichtende Druckmittel werden, wie immer noch „nacherzogen" und gegängelt wird und besonders Mütter sich schwer tun, ihre Söhne freizugeben und Schwiegertöchter zu akzeptieren.

Meine erwachsenen Kinder sollen frei sein, ihr Leben selbst zu gestalten, und sich mir nicht verpflichtet fühlen. Ich bin in der Lage, mein Leben eigenständig zu führen! Im deutschen Sprachgebrauch gibt es einen neuen Fachbegriff – „Mama-Sitting". Mütter in den besten Jahren lassen sich ihre Hingabe und Liebe von ihren erwachsenen Kindern wieder zurückgeben. So, wie sie früher für ihre Kinder gesorgt haben, wollen sie jetzt umsorgt und verwöhnt werden.

Ich verstehe mich als Freundin und Beraterin meiner erwachsenen Kinder. Ich laufe ihnen nicht nach, der Kontakt zum Elternhaus ist freiwillig. Bei einigen gibt es zwischendurch ganz schön lange Pausen – ohne meinen unterschwelligen Vorwurf „Wann lässt du dich endlich mal wieder sehen?". Trotzdem werde ich häufig um Rat gefragt, und das ehrt mich. Dabei bemühe ich mich, meine Meinung als Vorschlag zu formulieren, den die Kinder befolgen oder beiseite lassen können. Ich denke, diese Freiheit schätzen sie sehr; ich mag sie jetzt noch an meinen Eltern!

Eine Mutter zum Vorzeigen? Das ist wohl ein wenig übertrieben, aber ein bisschen stolz sollen deine Kinder schon auf dich sein! Für mich gehört eine gelungene Kombination an Hingabe und Eigenständigkeit dazu. Das ist der rote Faden, der dieses Buch durchzieht: Hundertprozentige Hingabe an die Kinder ist genauso einseitig wie reine Eigenständigkeit zu Lasten der Kinder. In der Kombination liegt das Geheimnis, das niemanden zu kurz kommen lässt! Ich denke, in den vorangehenden Kapiteln habe ich genügend Beispiele genannt.

Darauf werden Kinder einmal zu Recht stolz sein können: auf eine Mutter, die ihren Kindern so viel Hingabe gegeben hat, wie sie für ein eigenverantwortliches Leben brauchen, und dabei so eigenständig geblieben ist, dass sie ihnen in ihrer Persönlichkeit und Lebensführung ein Ansporn und Vorbild bleibt.

So verstehe ich mein Muttersein – und so wünsche ich es dir. Du schaffst es!

Anmerkungen

[1] James Dobson, Anti-Frust-Buch, Editions Trobisch, Kehl/Rhein 1991, S. 102.
[2] Frank Minirth/Paul Meier, Endlich wieder Freude am Leben!, Gerth Medien, Asslar 1990, S. 97+107.
[3] James Dobson, Anti-Frust-Buch, S. 95.
[4] Claudia und Eberhard Mühlan, Vergiss es, Mama, Gerth Medien, Asslar 1992, S. 87.
[5] Rainer Wälde, Die neue Farb- und Stilberatung, Gerth Medien, Asslar 2000.
[6] neuform Kurier 1/84.
[7] Dr. med. Hermann Geesing, PEP UP für Körper und Seele, BLV-Verlagsgesellschaft mbH, München/Wien/Zürich 1992, S. 46.
[8] Fritz Rienecker, Lexikon zur Bibel, R. Brockhaus Verlag, Wuppertal 1977, S. 597.
[9] Is' was, Mama?, S. 100.
[10] Claudia Mühlan, Bleib ruhig, Mama!, Gerth Medien, Asslar 1989, S. 151-155.
[11] Claudia und Eberhard Mühlan, Das große Familienhandbuch, Gerth Medien, Asslar 1996.
[12] Das große Familienhandbuch, S. 277-278.
[13] Bleib ruhig, Mama!, S. 131.

KINDER BRAUCHEN GRENZEN

Henry Cloud & John Townsend:
LIEBEVOLL GRENZEN SETZEN
Durch Liebe und Konsequenz zur Selbständigkeit erziehen.

Kinder brauchen Grenzen – das ist nicht erst seit dem Scheitern des anti-autoritären Erziehungsmodells bekannt. Doch Grenzen sind mehr als Verbote und Strafen! Sinnvolle Regeln helfen einem Kind, das Leben zu bewältigen, gute Beziehungen aufzubauen und seine eigenen Persönlichkeitsgrenzen zu erkennen und zu verteidigen.

Hier lernen Eltern
- tiefer liegende Probleme hinter Verhaltensschwierigkeiten zu erkennen
- angemessene Konsequenzen zu ziehen, ohne ihr Kind zu verletzen
- aus der „Nörgelfalle" zu entkommen und sich nicht mehr in Machtkämpfen zu verzetteln
- ihrem Kind zu mehr Selbstkontrolle zu verhelfen, anstatt es zu kontrollieren

Dieses Buch hilft Ihnen dabei, Ihre Kinder zu starken, selbstständigen Menschen zu erziehen, die den Anforderungen des Lebens gewachsen sind – und ganz nebenbei wird sich der tägliche Kampf ums Aufräumen und Mithelfen von allein erledigen ...

Paperback, 240 Seiten, Bestell-Nr. 815 709

DER ULTIMATIVE MÜHLAN-RATGEBER!

Claudia & Eberhard Mühlan:

DAS GROSSE FAMILIEN-HANDBUCH

Erziehungstips für alle Entwicklungsphasen Ihres Kindes

Nach 25 turbulenten Ehejahren mit 13 Kindern haben Claudia und Eberhard Mühlan reichlich Erfahrungen und jede Menge erprobte Praxis-Strategien gesammelt, von denen schon unzählige Familien profitieren konnten.

In kurzen, knackigen Kapiteln auf jeweils einer Doppelseite geben sie Rat in allen Fragen der Erziehung – von der Geburt bis zum heiklen Teenageralter. Und damit bei alledem die eheliche Beziehung nicht zu kurz kommt, gibt es auch zum Thema Partnerschaft viel Nährstoff.

Die einzelnen Kapitel sind übersichtlich nach Stichworten geordnet und machen das zweifarbig gestaltete Buch zu einem stets aktuellen Nachschlagewerk für alle Erziehungsfragen. Über 200 Fotos sowie Fragebögen, Platz für Notizen und weiterführende Literaturhinweise runden diese „Pflichtlektüre" für engagierte Eltern ab.

Gebunden, 280 Seiten, Bestell-Nr. 815 434

TEAM.F Seminare rund um´s Familienleben

→ **Vertiefung der Ehebeziehung**
→ **Familienleben und Kindererziehung**
→ **Familienwochen**
→ **Ehevorbereitung**
→ **Seelsorge und Familienleben**
→ **Ehe-Abendkurse**

Weitere Informationen: TEAM.F
Neues Leben für Familien e.V.
Christliche Ehe- und
Familienseminare
Honseler Bruch 30
58511 Lüdenscheid
Fon 0 23 51.8 16 86
Fax 0 23 51.8 06 64
E-Mail: info@team-f.de
Internet: www.team-f.de